JN040345

知識ゼロからの
外国人雇用
株式会社 グローバルパワー
代表取締役
竹内幸一
外国人留学生
30万人
外国人留学生
10万人
Ruby
日本語ムリ～～!!
すいません
すいません
いえいえ
すいません
幻冬舎

外国人雇用にチャレンジできるかどうかが、中小企業の生き残りを左右する

本書を手にしたみなさんは、外国人の雇用に興味をもっていらっしゃることでしょう。具体的な話に入る前に、お伺いしたいことがあります。企業の将来を考えたとき、次の項目に当てはまるものがあるでしょうか?

①事業を永続的に伸ばしていきたい。
②グローバル展開をしていきたい。

どちらにも当てはまらない場合は、外国人雇用を考える必要はありません。日本の社会・経済の今後を考えると、現状維持で行けば自然と事業は縮小していくものです。外国人雇用はいろいろな面で「面倒くさい」ところがあり、そういう会社はあえて取り組む必要はありません。

しかし、**今後も事業を展開していきたいと望むなら、外国人雇用は避けて通れず、しかもたくさんのメリットをもたらしてくれます。**

人口が減り続ける日本では、国内需要は自然と減少します。今後、外国人観光客によるインバウンド需要への依存は高まり、地域によっては死活問題となるでしょう。労働力不足を見ればすでに危険水域です。介護や外食産業など多くの業種が外国人労働者なしに成り立たなくな

っているのはご存じの通りです。日本人だけをターゲットにしたビジネスモデルは先細りになります。**労働力にも市場にも、外国人の力を取り込めなければ、企業の生き残りは困難です。**

外国人雇用で企業の「筋力」は養われる

日本企業が外国人雇用を考えるとき、最大の課題は、「ハイコンテクスト」と「ローコンテクスト」という文化の違いです。

ハイコンテクスト文化とは、日本人同士のように「言わなくてもわかる」文化を指します。共通認識がとても多いので、言葉にしなくても多くのことは理解し合えます。一方、ローコンテクスト文化とは、多文化社会のアメリカのように、「言わなくちゃわからない」文化。それぞれ異なる文化的背景をもち、共通認識が少ないため、言葉で説明する必要があります。

ハイコンテクスト文化に慣れた日本人には、ローコンテクスト文化の人々とわかり合うのは難しいことです。**「当たり前」と思っていたことを、すべて言葉にして説明する必要があるからです**。冒頭で、外国人雇用を「面倒くさい」と表現したのは、こうした理由によるものです。

また、これまで日本企業は、「健全な日本人男性」だけのものでした。健全な日本人男性なら、企業側が社員に特別配慮することなく、仕事至上主義で働いてもらうことができます。

一方で、言葉の通じない外国人、子育て中の母親や高齢者、障害のある人など、配慮が必要な弱者は、（たとえ制度があれども）「面倒くさい」ために排除されてきました。

けれども、これから働き手が不足する日本社会では、老若男女、日本人・外国人を問わず、ありとあらゆる人が活躍できるダイバーシティな組織にしていかなければ生き残れません。

とくに**グローバル展開を望む企業には、母国の商習慣や消費者の視点を伝えてくれる外国人社員の存在は欠かせません**。さまざまな文化的背景をもつ社員が産み出す企画や製品は、より多くのニーズに、柔軟に対応できるようになり、大きな利益を産み出すでしょう。

日本人しか雇用していなかった会社が外国人雇用を始めるとき、困難が生じやすいものです。でも、**そこで生じる問題は、「変わらなくてはいけない」という、組織への貴重なメッセージでもあります**。問題に向き合い、解決策を探る過程で、組織や仕事の進め方などの見直しを迫られます。「慣例」として暗黙のルールだったものに焦点が当てられ是非が問われます。

こうしたプロセスをくり返すうちに、企業の「筋力」は養われていきます。**無駄のない筋肉質な組織に生まれ変われば、時代の大きな変化にも対応する体力を得ることができます**。

国は今、外国人雇用の枠を広げようとしています。大切なのは、日本に来た外国人に活躍できる場を作ることです。私たち日本人も彼らから学び、変化していくことが求められます。

5年後、10年後、日本はどんな社会になっているでしょうか。

私が描いているのは、たくさんの外国人が日本人とともに働き、日本社会で活躍している姿です。実現すれば、人口減少のなかにあっても、日本社会は活力をもち続け、世界で存在感を示すことができます。

外国人雇用への挑戦は、企業に大きな飛躍のチャンスを与えてくれるのです。本書がみなさんにとって、一歩を踏み出すきっかけになることを願っています。

株式会社グローバルパワー　代表取締役　**竹内幸一**

初めての採用でも安心＆活躍できる外国人材がわかる

雇用者がおさえておくべき在留資格の基礎知識

ある日の ジュエリー専門店
ジュエリーの販売、オーダーメイド、リフォームなどを行う、社員20名程度の会社。インバウンド需要で海外のお客様が増えたのですが、対応しきれず、商機を逃すことに。ジュエリーの場合、デザイン、素材、サイズなど、細かい注文やニュアンスを正確に把握しなければなりません。
日本人スタッフ
Anyone speaks Chinese !?
どうしよう？
ジュエリー会社副社長
父親（社長）が興したジュエリー会社を手伝う二代目。

外国人材の導入で、インバウンド対策、海外展開も

海外のお客様が増え、外国語が話せるスタッフがいれば……。でも、雇うのは大変そう。メリットはどの程度あるの？

母国語で話せる店員がいると、お客様の細かな要望に対応できます。お客様の満足度が上がります。

雇用した外国人の語学力をいかして外国向けのサイトを作れば、販路も開け、グローバル展開も夢ではありませんよ。

うちみたいな中小企業でも採用できるのかしら？

２０１９年に外国人労働者の枠を広げる法改正が施行

アジア向けに
通販サイトを作って、
海外展開も!?
海外との
商談も
可能に
圧倒的な
語学力
国際的な
感覚を
もっている
この宝石は
いかがですか？
中国人
スタッフ導入
ダイヤを足して、
華やかさを出せない!?
かわいくてハデなのが
好きなのよ
日本語堪能な
中国人スタッフを
雇入れれば解決！
君好みに
仕上がり
そうだね！

竹内先生
年間 500 人以上の外国人の就職を支援するグローバルパワー代表取締役。

されました。日本人しか雇ったことのない中小企業にとっても、外国人雇用に踏み切るチャンス。**一般事務や接客などの業務に就ける就労の在留資格ができたので、外国人が活躍できる場面が増えました**。ハローワークや大学のキャリアセンター等でも相談に乗ってくれます。

不法滞在などトラブルの心配はないの？

すでに在留資格を取得している外国人は、諸条件をクリアしているので大丈夫です。

法的問題も大事ですが、もっと大事なのはコミュニケーションのとり方。言葉や文化が違うぶん、より丁寧に説明・対応する必要があります。

日本に在留する外国人の数は上昇中！

282万人以上が暮らしている

旅行者ではなく、日本になんらかの目的をもち中長期で在留する外国人は年々増えている。現在は 282 万人以上で、上位は中国、韓国、ベトナム、フィリピン、ブラジルの人が占める。

在留外国人数の推移

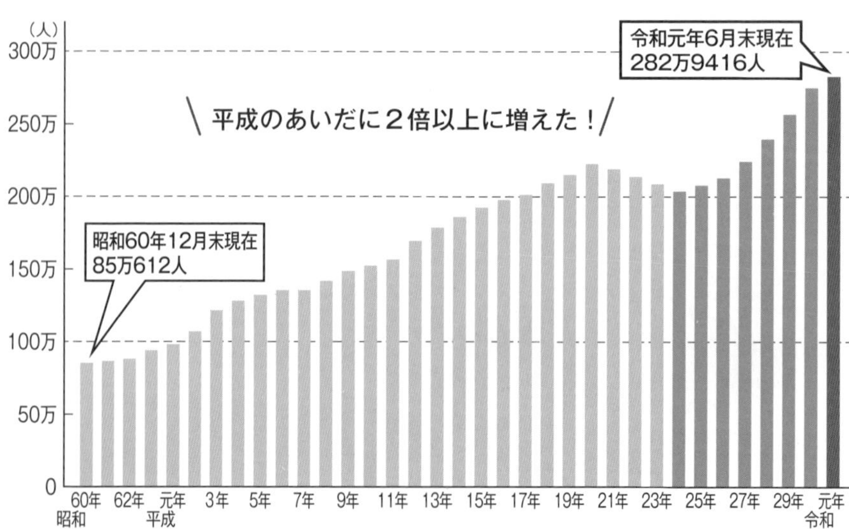

（「新たな外国人材の受入れ及び共生社会実現に向けた取組」出入国在留管理庁、2019）

在留外国人の構成比（国籍・地域別. 令和元年6月末）

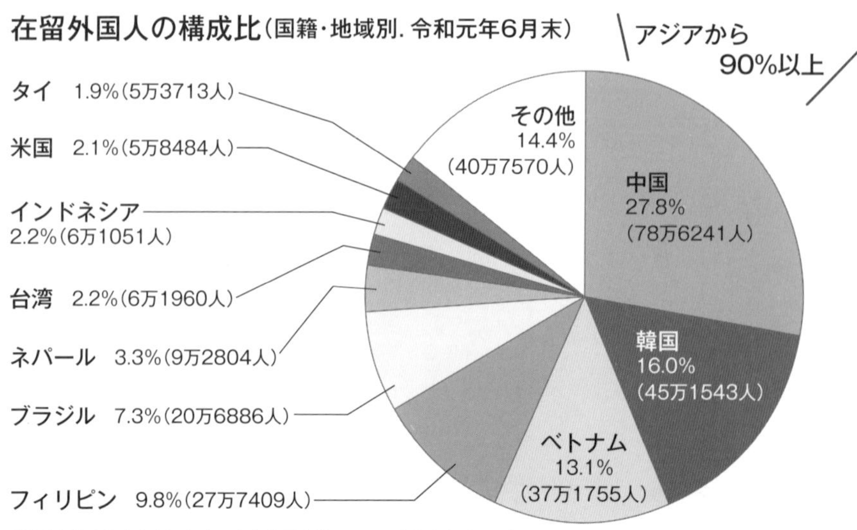

（「令和元年6月末現在における在留外国人数について」法務省、2019）

長く日本にとどまる意思をもつ

「定住外国人」を狙って採用

中小企業が外国人雇用を考える場合、日本在留中の 282 万人のなかで、今後も長く日本に留まり、働きたいと思っている定住志向をもつ人たちをターゲットにするのがおすすめ。

日本の
文化が大好き！
ただいま日本語
勉強中です

現在、日本で
母国語や専門知識、
技術をいかして
働いています

特徴1 なんらかの在留資格がある

特徴2 日本語で意思疎通ができる

特徴3 日本の文化・風習に親しんだ経験がある

特徴4 今後も日本で生活しようと思っている

定住外国人なら日本人と同様に採用できる

外国人の採用は、現地でするものなの？

すでに在留資格をもち、日本で活動中の外国人を、国内で採用するのがいいでしょう。 就労資格があれば、雇用時の手続きも簡単。日本文化にも通じているので馴染みやすいですし！

あの……「在留資格」ってどういうものなの？

日本にいるためには資格が必要で、資格ごとに定められた範囲で活動できます。最近は長期滞在を希望する定住志向の外国人も増えています。こういう人材を採用するのがおすすめです。

日本で暮らすために必要！

在留資格は４タイプある

※（「令和元年６月末現在における在留外国人数について『在留資格別在留外国人の推移』」
［令和元年 10 月 25 日］出入国在留管理庁、2019）

1 就労が認められている在留資格

就業先と紐づけられている

就労を目的としている外国人が取得できる資格。最長５年で更新可。日本の経済社会の活性化につながる専門的・技術的分野にかぎられ、業務内容ごとにいくつもの在留資格がある。最多は技術・人文知識・国際業務（技人国）で、６割以上（技能実習を除く）を占める。

約
36.7万人

技能実習

国際貢献、技術移転を目的とし、海外から招聘される実習生。在留期間は最長５年。

特定技能1号・2号 New!

人材が慢性的に不足している 14 分野で、即戦力となる外国人。在留期間の上限は通算５年。特定技能２号は在留期間の更新可。

2 身分・地位に基づく在留資格

自由に働くことができる

定住者（主に日系人）、特別永住者（入管法の整備以前から日本に住んでいる外国人）、日本人の配偶者、永住者、永住者の配偶者らがもつ資格。永住者は在留期間が無期限。それ以外は最長５年で更新可。日本人と同じように活動できる。

豆知識

10年以上在留、素行善良なら永住の権利を申請

素行善良で、将来的に安定した生活の見込みがあり、原則 10 年以上継続的に在留資格（一部を除く）をもち、生活してきた外国人がチャレンジできる権利です。

申請者の永住が日本の利益になるかどうかが審査されます。申請許可率は60%前後。不許可でも再挑戦できます。

外国人（日本国籍をもっていない人）が日本に滞在するには在留資格の取得が義務づけられている。現在日本に中長期で滞在している外国人は、４つの在留資格群のいずれかに属し、これを証明する「在留カード（P10）」を所持している。

4 就労の可否は指定される活動によるもの

１～３に当てはまらない活動

EPA（経済連携協定）に基づく外国人看護師・介護福祉士候補者、ワーキングホリデーなど、49種の項目で活動が認められている資格。2019年に創設された特定活動46号（日本の大学を卒業し、日本語能力試験でN1以上をもつ外国人による柔軟な就労活動）もここに含まれる。

3 就労が認められない在留資格

※留学生アルバイトなど資格外活動の人数。

留学など就労以外の目的で活動

仕事をして報酬を受け取る以外の目的（文化活動や留学、研修、家族滞在など）で在留する権利。そのため、原則就労できない。しかし、「資格外活動許可」を申請・取得すれば、制約内で就労できる。留学生アルバイトなどはこれに該当する。

在留資格によって活動範囲が決まっている

在留資格は出入国管理及び難民認定法（入管法）等で規定され、法務大臣の裁量で許可されます。現在は29種類あり、4つの資格群に分類できます。

「就労が認められている在留資格」のなかでも、**6割以上を占めるのが「技術・人文知識・国際業務」。通称「技人国」と呼ばれる、学術的専門知識を使う資格です**（技能実習を除く）。

あら、留学生は、働くことができないの？

本来は不可。ただ、「資格外活動許可」を取得すれば、制約のなかで就労できます。

つねに携帯している

「在留カード」で在留資格を確認

在留資格（P８）をもって中長期在留する外国人に、偽造防止のICチップが搭載された在留カードが公布される。外国人は、つねにこれを携帯しなければならない。

(http://www.immi-moj.go.jp/newimmiact_4/q-and-a_page2.htmlより作成)

※雇用主は就労制限の有無の欄を確認したうえで雇入れを決め、
雇用の際に①～⑦をハローワークに届け出る。

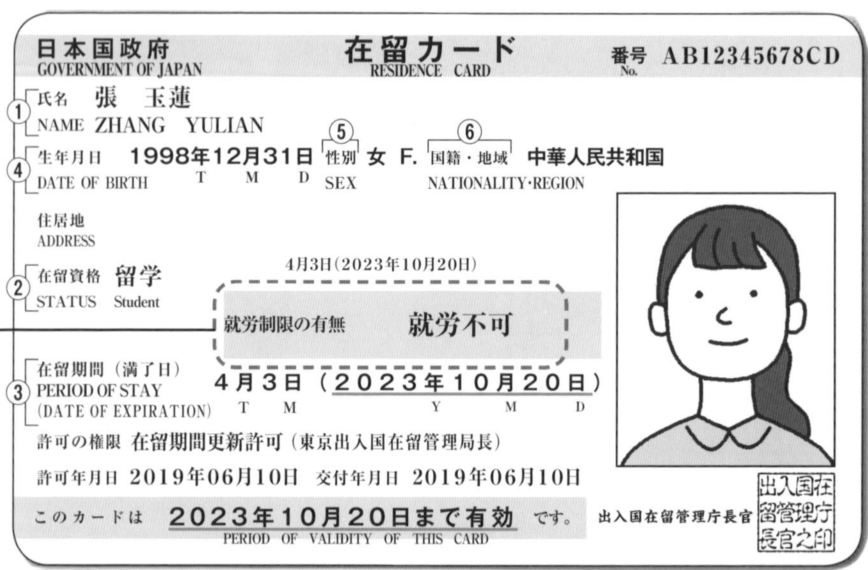

雇入れの前に必ず確認！

STEP1

「就労制限の有無」欄を確認

「就労不可」とある場合は、裏面（STEP2）を確認。「指定書」と書かれている場合は、パスポートに貼付された指定書を確認。

STEP2

「資格外活動許可」欄を確認

在留資格外の活動（資格外活動）の許可があればこの欄に記載される。ただし就労時間、就労内容に制限があるので注意する。

●在留管理制度の対象となる中長期在留者とは

観光目的で日本に短期間滞在する場合は、在留管理制度の対象外になる。次の１～６のいずれにも当てはまらない人が対象。

1）３ヵ月以下の在留期間が決定された人
2）短期滞在の在留資格が決定された人
3）外交又は公用の在留資格が決定された人
4）これらの外国人に準ずるものとして法務省令で定める人（具体的には、台湾日本関係協会の日本の事務所若しくは駐日パレスチナ総代表部の職員又はその家族の方）
5）特別永住者
6）在留資格を有しない人

ビザと在留資格は違う

ビザ（査証）は、外務省管轄の在外日本公館で出される入国のための鍵のようなもの。在留資格は、法務省管轄の入国審査官が入管法に基づいて与える資格。「就労ビザ」とは正式名称ではありません。ビザを取得して日本に入国。在留資格を得て日本に滞在できるのです。

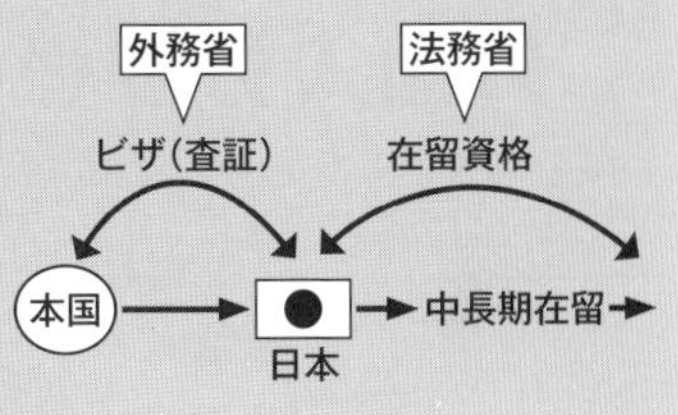

住居記載欄

届出年月日	住居地	載者印
2019年12月1日	東京都○○区南町5丁目5番30号	東京都○区長

⑦資格外活動許可	在留期間更新等許可申請欄
許可：原則週28時間以内・風俗営業等の従事を除く	在留資格変更許可申請中

就労制限の有無と在留資格の活動内容を確認

就労資格はどうやって確認するの？

日本に中長期滞在が認められている外国人は、在留カードをつねに携帯することになっています。雇用の際は、このカード表面の就労制限の有無と在留資格の活動内容を、必ず確認してください。

「就労不可」は雇えないのよね？

資格外活動許可を取得済みか、就労可能な資格に変更できる場合もOKです。いずれも法務省のサイト（下記）でカードの有効性を確認してください。

「法務省出入国在留管理庁　在留カード等番号失効情報照会」
https://lapse-immi.moj.go.jp/ZEC/appl/e0/ZEC2/pages/FZECST011.aspx

ニーズに合わせて方向転換

外国人労働者の受け入れ態勢の変化

日本の外国人労働者受け入れの基本姿勢は、専門的、技術的な分野で、学術的知識や言語能力をいかせる活動に限定されてきた。しかし、現代の日本社会のニーズと合わなくなってきた。

昔
高度人材
専門的な分野で学術的
知識や言語能力を駆使して
活躍する外国人材

高度人材だけを歓迎。
単純労働をする人は不可

従来、国の基本方針は「高度な学術的知識をもつ外国人が、それをいかして働く場合にかぎり積極的に受け入れる」というもので、原則的に普通の仕事に就くことを認めてこなかった。

国内雇用に悪影響？ 高度人材以外はダメだった

日本は原則として、外国人の単純労働は認めず、専門的な知識・技能をもつ高度人材にかぎり、積極的に受け入れてきたんです。外国人が普通の仕事に就くようになると、日本人の仕事が奪われると考えてきたためです。

高度人材って、具体的にどういう人材なの？

医師や弁護士、大学教授や企業の経営者。**体系的な学術知識と高い言語能力を必要とする仕事に就く外国人です。**

たしかに「技人国」の資格って、ホワイトカラーのイメージがあるわ。

幅広い、横断的な業務に就ける人材の受け入れを検討

高度人材の在留資格では、学術性、専門性が高いかぎられた仕事にしか従事できない。もっと日本の雇用のしくみに合う、現場労働、単純労働を含んだ幅広い業務に就ける外国人材が求められている。

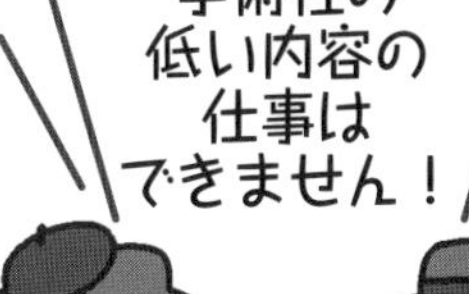
学術性の
低い内容の
仕事は
できません！

NO!

新たなニーズ
外国人の旅行者が多いエリアの焼き鳥店で、店長になってもらえるような人材を探したい。
新たなニーズ
メイクの専門学校を卒業した中国人を探しています。中国からのお客様の接客を任せたい。
新たなニーズ
日本人の新卒人材と同様に、工場生産から海外の営業まで幅広く活躍してもらいたい。
新たなニーズ
客室清掃のスタッフを探しています。全然人が集まらなくて……。日本語が堪能でなくてもOK。誰か来てくれないかなぁ。
新たなニーズ
バイトで来てくれていたベトナム人の留学生。働く姿勢が素晴らしかった。事務職の欠員があるので、卒業後、来てもらえないかな。

これまでの資格では対応しきれないニーズが増えた

「技人国」は、技術なら機械工学の技術者やエンジニア、人文知識なら法務や経済・貿易関連の事務職、国際業務なら通訳や翻訳、海外取引などが対象。ただし、大学や日本の専門学校で専攻した科目に関連する仕事以外は原則認められないんです。

外国人のもつ経歴と、業務内容とのマッチングが重要なのね。

ええ。日本の労働人口が減り、人手不足になった今では、ニーズに対応するべくもっと幅広い業務内容に対応できるような法改正が望まれています。

2019年入管法改正

幅広い仕事を担う在留資格が登場

2019年に出入国管理及び難民認定法（入管法）が改正。アルバイトや技能実習生頼みだった労働を担う新たな資格が創設。今後、長期在留の外国人材を増やしていく見込みだ。

例えば外食業なら

- 技術力、専門性を必要とする品質管理・商品開発
- 海外取引が発生する営業・経営管理・財務経理・総務・人事・広報・IR　など

一般企業のホワイトカラー職種（現場労働に従事しない）のイメージ。大学で得た知識や外国語を必要とする仕事でなければならず、それ以外の活動はできない。

日本人と同等の待遇で、働ける環境が整う

２０１９年の入管法改正時に注目されたポイントは？

外国人が、日本人と同じ幅広い職種で働けるように、環境が整えられました。例えば「技人国」では、専攻した科目に関連する業務しか認められず、接客業務は不可。

しかし**新たに加わった特定活動46号という通称「接客ビザ」では、学術的知識を必要としない、いわゆる現場労働や単純労働も同時に行うことができるようになりました**。例えば飲食店の店長のように、店舗管理だけでなく接客も行うような職種です。

工場のライン作業から接客まで、これまでほかの在留資格ではできない仕事を担ってきた

資格外活動でアルバイトを行う。就労時間は週 28 時間以内。フルタイムでは働けない。

留学（アルバイト）

慢性的に人手不足の農業、建設、介護などの現場で勤務（実習）。最長５年での帰国が条件。

技能実習

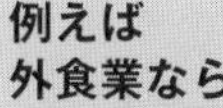

例えば外食業なら

・外国の顧客への通訳を含む接客全般
・事務職　など

日本の大学を卒業し、ビジネスレベルの日本語力があれば、現場労働を含む幅広い業務に就ける。

くわしくは P40～

特定活動46号

例えば外食業なら

・飲食物調理
・接客
・店舗管理
など

14 業種のみだが、日本人と同等の待遇で働ける。技能実習経験者にも資格が与えられる。

くわしくは P44～

特定技能１号・２号

外国人と一緒に働く時代に突入した

もうひとつは、特定技能1号・2号といって、介護や外食、建設など、人手不足が深刻な14業種を対象とした在留資格（2号は建設と造船のみ）です。

特定技能1号の資格を得るにはなにが必要なの？

必要な技能水準と日本語能力があれば認められます。

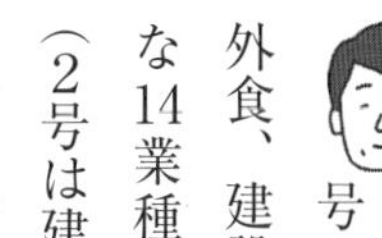

外国人と一緒に働く時代が来ているのね。

国は、2024年までに最大34万5000人の外国人労働者の増加を見込んでいます。ニーズの変化に応じ、これからも法改正はくり返されるはずです。

在留資格一覧表

●就労が認められている在留資格（各在留資格で許される活動のみ可）

在留資格	在留期間	該当例
外交	外交活動の期間	外国政府の大使、公使、総領事、代表団構成員等及びその家族
公用	5年、3年、1年、３ヵ月、30日又は15日	外国政府の大使館・領事館の職員、国際機関等から公の用務で派遣される者等及びその家族
教授	５年、３年、１年又は３ヵ月	大学教授等
芸術	同上	作曲家、画家、著述家等
宗教	同上	外国の宗教団体から派遣される宣教師等
報道	同上	外国の報道機関の記者、カメラマン
高度専門職１号･２号	５年（１号）、無期限（２号）	ポイント制による高度人材
経営･管理	５年、３年、１年、４ヵ月又は３ヵ月	企業等の経営者・管理者
法律･会計業務	５年、３年、１年又は３ヵ月	弁護士、公認会計士等
医療	同上	医師、歯科医師、看護師
研究	同上	政府関係機関や私企業等の研究者
教育	同上	高校・中学校等の語学教師等
技術・人文知識・国際業務	同上	機械工学等の技術者、通訳、デザイナー、私企業の語学教師等
企業内転勤	同上	外国の事業所からの転勤者
介護	同上	介護福祉士
興行	３年、１年、６ヵ月、３ヵ月又は15日	俳優、歌手、ダンサー、プロスポーツ選手等
技能	５年、３年、１年又は３ヵ月	外国料理の調理師、スポーツの指導者、航空機の操縦者、貴金属等の加工職人等
特定技能１号・２号	１号＝１年、６ヵ月又は４ヵ月、２号＝３年、１年又は６ヵ月	特定産業分野に属する技能等を要する業務に従事する外国人
技能実習１号・２号・３号	法務大臣が指定する期間（１号＝１年を超えない）（２・３号＝２年を超えない）	技能実習生

●身分・地位に基づく在留資格（日本人と同じように自由に活動できる）

在留資格	在留期間	該当例
永住者	無期限	法務大臣から永住の許可を受けた者（入管特例法の「特別永住者」を除く）
日本人の配偶者等	5年、3年、1年又は6ヵ月	日本人の配偶者・子・特別養子
永住者の配偶者等	同上	永住者・特別永住者の配偶者及び日本で出生し引き続き在留している子
定住者	5年、3年、1年、6ヵ月又は法務大臣が個々に指定する期間（5年を超えない範囲）	第三国定住難民、日系3世、中国残留邦人等

●原則として就労が認められない在留資格

在留資格	在留期間	該当例
文化活動	3年、1年、6ヵ月又は3ヵ月	日本文化の研究者等
短期滞在	90日若しくは30日又は15日以内の日を単位とする期間	観光客、親族訪問、会議参加者等
留学	4年3ヵ月、4年、3年3ヵ月、3年、2年3ヵ月、2年、1年3ヵ月、1年、6ヵ月又は3ヵ月	大学、短期大学、高等専門学校、高等学校、中学校及び小学校等の学生・生徒
研修	1年、6ヵ月又は3ヵ月	研修生
家族滞在	5年、4年3ヵ月、4年、3年3ヵ月、3年、2年3ヵ月、2年、1年3ヵ月、1年、6ヵ月又は3ヵ月	在留外国人が扶養する配偶者・子

●就労の可否は指定される活動によるもの

在留資格	在留期間	該当例
特定活動	5年、3年、1年、6ヵ月、3ヵ月又は法務大臣が個々に指定する期間（5年を超えない範囲）	外交官等の家事使用人、ワーキング・ホリデー、経済連携協定に基づく外国人看護師・介護福祉士候補者等

（「在留資格一覧表（令和元年11月現在）」出入国在留管理庁
http://www.immi-moj.go.jp/tetuduki/kanri/qaq5.pdf　2019より作成）

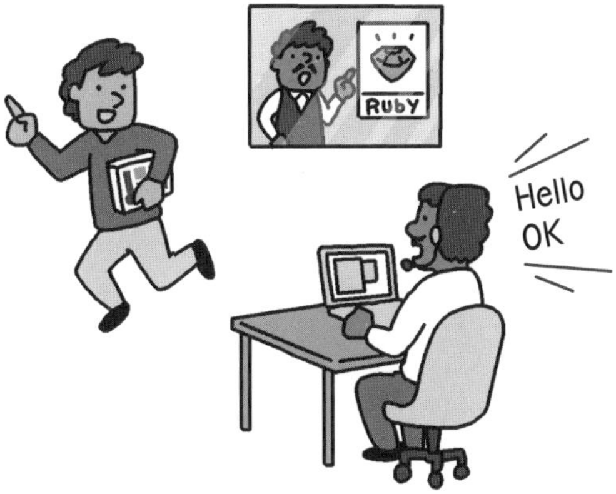
Ruby
Hello
OK

PART2

書類・面接で技能を見抜き、即戦力となる外国人材を選ぶ

PART4 外国人の実力を引き出し、会社に定着させる

※本書は2020年2月現在の情報に基づいています。最新の法律、制度等は法務省等のホームページで確認してください。

PART 1

外国人雇用のメリットを理解し、成長企業に改革

外国人を雇用することで、
組織のイノベーション、グローバル展開、
社内の国際化など、さまざまなメリットが得られる。
外国人は在留資格によって活動範囲が異なる。
自社に大きなメリットをもたらすのは、
どんな外国人材なのか。
在留資格の内容をきちんと理解し、
採用ターゲットを絞り込み、採用を。

●労働市場の変化

日本の労働人口は減少。外国人と一緒に働く時代がやって来た

少子高齢化が進む日本は、人口減少にともなう人手不足、需要低迷が懸念されています。国は女性や高齢者雇用、AI活用などの対策を掲げていますが、注目されるのが外国人材です。日本に滞在する外国人は人口の2％を占め、増加傾向。定住して経済活動を行う外国人が増えれば、人手不足解消、少子高齢化対策にも。

インバウンド対策や海外展開、優秀な人材確保など、日本企業の抱える課題解決にも効果的です。

外国人雇用が注目される5つの理由

外国人材を活用することで、現在の日本企業が抱えている5つの課題を解消することができる。

1 インバウンド対策

訪日外国人、在留外国人が増えたことで、観光、小売、不動産などの分野で外国人向けのサービスの提供が求められる。

2 海外進出・海外事業強化

ビジネスのグローバル化にともない、現地ローカルの言語や商習慣をよく知る外国人材の必要性が高まっている。

3 優秀な人材の確保

少子高齢化、グローバル化にともない、国籍問わず優秀な人材を確保したい企業が増えている。技術系だけでなく、総合職においても同様。

4 慢性的な人手不足解消

15～64歳までの生産活動に従事できる年齢の人口が減少。とくに有効求人倍率が高い飲食、建設などの業界では労働力の確保が大きな課題。

5 ダイバーシティで活力アップ

さまざまな文化的背景をもつ人々が集い、多様性を認め合うことで活力ある組織形成ができる。

働く世代が減少している

生産年齢人口の減少で国内需要は減少。経済規模の縮小、国際競争力の低下、財政危機に直面する恐れも。さまざまな人材の活用が求められている。

我が国の人口及び人口構成の推移

1997 年には若年人口の割合が高齢人口を下回った。15～64 歳の生産年齢人口は 2020 年以降、1000 万人ずつ減少。2040 年には人口の約半数になると推定されている。

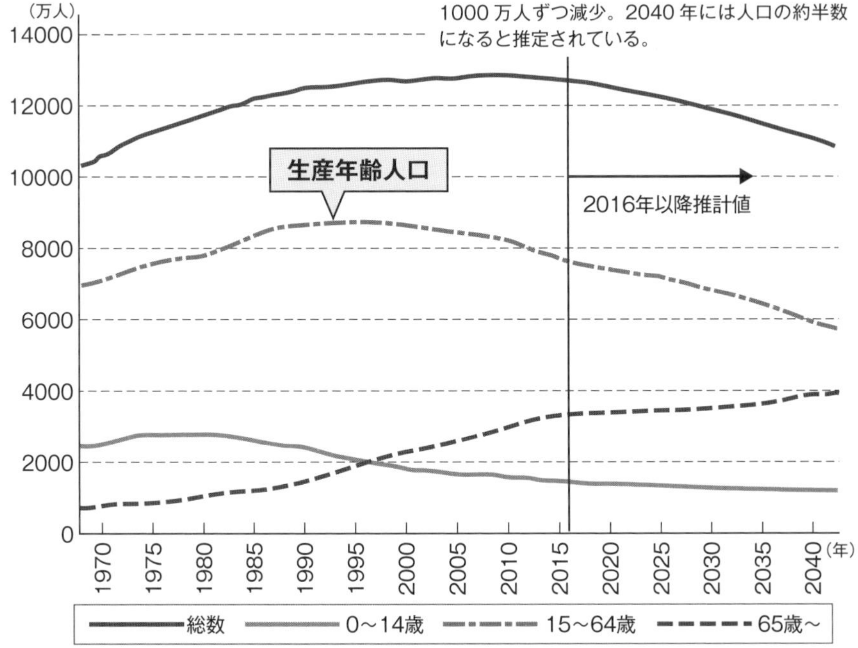

(万人)
14000
12000
10000
8000
6000
4000
2000
0

生産年齢人口

2016年以降推計値

1970 1975 1980 1985 1990 1995 2000 2005 2010 2015 2020 2025 2030 2035 2040 (年)

総数　0～14歳　15～64歳　65歳～

(総務省「国勢調査」、「人口推計(各年10月1日現在)」2017年までのデータ
http://www.soumu.go.jp/johotsusintokei/whitepaper/ja/h30/html/nd101100.html　より作成)

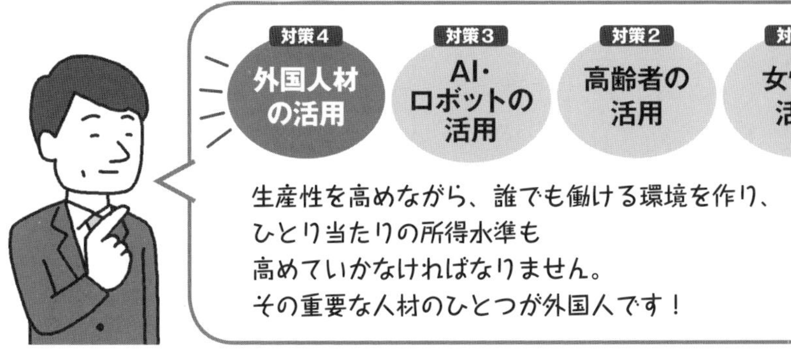

対策4
外国人材の活用
対策3
AI・ロボットの活用
対策2
高齢者の活用
対策1
女性の活用
生産性を高めながら、誰でも働ける環境を作り、
ひとり当たりの所得水準も
高めていかなければなりません。
その重要な人材のひとつが外国人です！

日本の外国人政策

社会の要請に従い、日本政府は徐々に外国人の人口を増やしていった。2019年の入管法改正には、「労働力としての外国人」の受け入れを積極的に認める方針が現れている。

1951（昭和26）年
「出入国管理令」公布・施行
第二次世界大戦後、日本の主権が回復するのを機に、入国許可権が連合国軍最高司令官から日本に戻り、「出入国管理令」が定められた。

1982（昭和57）年
「出入国管理及び難民認定法（入管法）」改正
難民条約・難民議定書に加盟したことで、「出入国管理令」から法律に変更され、法務省入国管理局が認定業務を担当することになった。

1983（昭和58）年
「留学生10万人計画」策定・発表
中曽根康弘首相の声がけにより、21世紀初頭までに外国人留学生の数を10万人にまで増やす計画が策定・発表された（2003年に達成）。

1990（平成2）年
改正「出入国管理及び難民認定法」施行
在留資格が再編成され、現在の形の原型ができた。またバブル景気を反映し、外国人労働者の受け入れを狙ったものでもあり、日系人の入国が容易になり、定住外国人が増加した。

●政策で外国人人口が増加

時代の流れとともに、日本でも少しずつ国際化が進み、国際結婚によって日本に定住する外国人も増えてきています。

また政府は、社会的要請にともない、留学生の受け入れ計画や技能実習制度、看護師・介護福祉士受け入れ制度など、段階的に外国人に門戸を開く施策を進めてきました。

なかでも２０１９年に行われた入管法改正は、人手不足に悩む業種の労働力不足解消や、海外の優秀な人材確保を目的としたもの。今後はこれまで以上のスピードで外国人労働者が増加していくことが予測されます。

1993
(平成5)年

特定活動に「技能実習」追加

特定活動のなかで「技能実習」が認められ、技能実習生の受け入れが始まる。

2008
(平成20)年

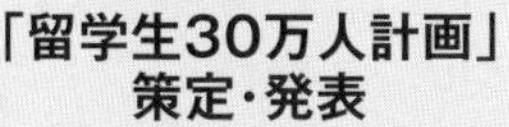

「留学生30万人計画」策定・発表

福田康夫首相のもとで、2020（令和2）年までに外国人留学生を30万人に増やす計画を打ち立てる。

EPA看護師・介護福祉士受け入れ開始

EPA（P9）による看護師・介護福祉士は、2008年度にインドネシア、2009年度にフィリピン、2014年度にベトナムから受け入れを開始している。

2009
(平成21)年

「出入国管理及び難民認定法」改正法公布

在留資格の留学と就学が一本化された。

在留資格「技能実習」創設

特定活動のひとつだった技能実習が、在留資格のひとつに格上げされた。労働者として労働関係法令が適用されるようになった。

2012
(平成24)年

「高度人材ポイント制」導入

研究者や技術者などの高度外国人材を確保するための資格を創設（ポイント計算で認定、優遇措置有り）。

「在留カード」導入

「外国人登録制度」が廃止され、「在留カード」による管理制度に移行。

2016
(平成28)年

在留資格「介護」創設

新たな在留資格として「介護」が追加。EPAに基づく介護福祉士候補者の受け入れ以外での介護人材が働ける土壌が作られた。

2019
(平成31)年

在留資格「特定技能1号・2号」創設

農業・漁業・建設関係・宿泊業などの14業種における労働力不足解消を目的とした「特定技能1号・2号」が創設された。

特定活動に「46・47号」追加

特定活動に、接客などの業務も行える「46号（47号はその家族）」が追加された。

●企業側のメリット

組織のイノベーションと、グローバル展開を促す

現在の日本のような人口減少下では、なにか策を立てなければ経済は停滞するだけです。企業が生き残るには、自らの手でイノベーションを起こす必要があります。

とはいえ、比較的均質な日本社会では、新たな発想を生み出すのは困難。異文化の外国人を受け入れることが重要なのです。

企業の海外展開にも、外国人は不可欠です。日本の家電が海外で苦戦する要因のひとつに、現地のニーズを無視したオーバースペッ

3つの効果で脱ガラパゴス化

外国人を雇入れることで、構造改革、グローバル展開、また社員のスキルアップも。世界でガラパゴス化している日本企業の体質そのものを変える可能性がある。

1 組織のイノベーション

日本とまったく異なる文化や価値観をもつ外国人は、組織に新たな視点を与えてくれる。旧来の企業も多様性に満ちた組織へと変化し、イノベーションが生まれやすい環境が整う。

発想の違い
インドでの
白物家電の
ニーズとは？
思考の違い
文化の違い
働き方の違い

2 グローバル展開

内需が縮小するなか、海外展開を求められる企業にとって、現地の商習慣や母国語を話せる外国人スタッフは貴重な存在。素早くニーズを把握して、効果的な発信も可能となる。

3 社員の能力向上

多様性のある組織では、明確なコミュニケーションや高いマネジメント能力が求められる。社員は、ダイバーシティを認め合う視野の広さや、説明能力などのスキルが鍛えられる。

クがあるといいます。ターゲットとなる国に精通した外国人社員がいれば、細かなニーズの把握や対応が可能になります。

また、日本人の社員も多様性への対応のなかで、ビジネススキルの向上が期待できます。結果的に組織力強化にもつながります。

●クリアすべき課題

言語や商習慣の違い、偏見を乗り越えることが重要

外国人を採用するときには、①法律上の手続き、②日本語と日本文化、③外国人に対する偏見という3つの壁があります。

とくに、②と③は、個人の意識や行動パターンに関わるため、克服するには時間も労力もかかる「面倒くさい」壁です。

けれども、この面倒くさい壁を乗り越えたとき、社員一人ひとりが異なった価値観を受け入れる力をもち、企業は多様性を備え、強い競争力が生まれます。

外国人雇用を阻んできた3つの壁

外国人雇用に対して消極的だった原因は3つの壁。しかしこの数年で時代は大きく変化した。壁を乗り越えて、雇用に踏み切ることは、企業を強くすることにもつながる。

壁1 入管法と在留資格の申請の手間

「出入国管理及び難民認定法（入管法）」は、2019年に改正され、外国人受け入れ拡大の方向で進んでいる。

Step1
在留カードの確認
（→P10）

Step2
在留資格申請書類の準備
（→P92）

Step3
地方出入国在留管理局への許可申請＆審査＆許可
（→P92）

Step4
ハローワークに届出
（→P116）

Stepで示した部分以外は、日本人の雇用とほぼ同様です

壁2 日本語＆日本文化

日本語自体の難しさ。また「言わなくてもわかる」ハイコンテクスト文化。「言わないとわからない」ローコンテクスト文化の外国人と理解し合うには、言葉にしてこなかったことを意識的に言語化し、明確に伝える努力が必要となる。

ハイコンテクスト文化
じゃあ明日までによろしくやっておいて！
そうだね。一応ね
空気で決まる
ま、アレは、そういうものだから
日本語の難しさ
商習慣の違い

壁3 外国人への偏見

日本にはアジア諸国に偏見をもつ人もいますが、下の表が示すように、多くの国が、すでに日本をしのぐ競争力をもっている。外国人雇用は、認識を改めるチャンスかもしれない。

IMD 世界競争力ランキング2019

総合順位で日本は30位だが、生産性＆効率56位、政府系金融·物価59位、マネジメント慣行60位である。

順位	国	順位	国	順位	国
1	シンガポール	11	ノルウェー	21	ニュージーランド
2	香港	12	ルクセンブルク	22	マレーシア
3	米国	13	カナダ	23	イギリス
4	スイス	14	中国	24	イスラエル
5	アラブ首長国連邦（UAE）	15	フィンランド	25	タイ
6	オランダ	16	台湾	26	サウジアラビア
7	アイルランド	17	ドイツ	27	ベルギー
8	デンマーク	18	オーストラリア	28	韓国
9	スウェーデン	19	オーストリア	29	リトアニア
10	カタール	20	アイスランド	30	日本

（「世界競争力ランキング（World Competitiveness Ranking）」IMD World Competitiveness Centre、2019）

在留資格ごとに許される業務の水準や内容の違いを理解する

これまで日本で働く外国人は、専門知識のある高度な人材と、技能習得を目的とした技能実習生などに二分されていました。

人手不足が深刻になった今、国はさまざまな外国人材の受け入れ態勢を整えようとしています。今後は、幅広い分野で日本経済を支える存在になると考えられます。

採用活動を始める前に、在留資格ごとに決められた業務の水準・内容の違いを理解し、欲しい人材を定めておく必要があります。

就労が認められる外国人の技術水準

とくに中小企業において活躍が期待される外国人材では、在留資格が下りる条件が異なる。業務内容の範囲と技術や専門の水準を理解したうえで、雇用を考える。

国内四年制大学以上を卒業し、日本語能力試験N1合格(または同等の日本語能力)が必要。

特定技能
2号

建設と造船・舶用工業の2業種にかぎり、熟練した技能を要する業務。特定技能1号の有資格者が、技能水準の試験を受けて移行する。

特定活動
46号

日本語スキルと大学で学んだことがいかせるだけでなく、現場労働も可。飲食・小売などのサービスや製造業など幅広い業種が対象。

現在(2020年)は2業種のみステップアップが認められている(→P48)。

技能実習を終えていれば、試験などが免除される(→P44)。

高い

学術性・専門性・技術性

低い

技術・人文知識・国際業務

通称「技人国」。大学等で学んだ体系的な学術知識、高度な専門性や国際的知識を要する業務のみ許される。現場での単純労働は不可。IT技術者や海外営業、通訳、企業内語学教師、デザイナーなど。

日本の専門学校、短大、大学卒で、学術的知識を必要とする仕事に就く人が取得。

アルバイト（留学生）

資格外活動許可を受ければ、原則1週間に28時間までの労働が可能。コンビニや飲食店等の現場労働では欠かせない存在になりつつある。

特定技能1号

介護、ビルクリーニング、建設、造船、宿泊、外食など全14業種。一定の知識と一定の日本語能力がある外国人が対象。技能実習2号修了者は試験免除。

技能実習

技術や知識の習得を目的とした制度。1年目は1号として技能を習得し、2～3年目は2号として技能習熟のための活動を行う。

在留資格別活動範囲の一例

在留資格で許可された活動範囲によって、就くことができる仕事が異なる。資格申請の際に、入管法に則って資格と就労内容との整合性が検証される。

学生アルバイト

雑務全般を行う留学生アルバイト。資格外活動許可を得ることで、ビラ配りなど単純労働にも就くことができる。

ジュエリー専門会社

特定活動46号

外国人だけでなく、日本人に対する接客も行うことができる。

技術・人文知識・国際業務

海外との商談を外国語で行う。貿易や海外マーケティングの専門的な知識も必要になる。

技術・人文知識・国際業務

建設機械のエンジニア。工学などの分野で得た専門知識を活用する仕事。

建設業の現場

特定技能2号

建設作業員。特定技能１号を経て昇格した、技術レベルの高い人材。ほかに造船・舶用工業分野にも存在。

特定活動46号

日本人、外国人を問わず、作業員たちをとりまとめ、指揮を執る。現場で作業することもできる。

製造業の現場

技能実習

工場のライン作業を行う。特定の業種で技術を学び、やがて本国に技術をもち帰る。

特定技能1号

工場のライン作業を行う。特定14業種にのみ認められている資格(P45)。労働力としての外国人材。

学問として体系的に学んだ知識や、「外国人だからこそ」の知識を使う

「技術・人文知識・国際業務（技人国）」は、一般企業で働くホワイトカラーの外国人がもつ資格のイメージです。この資格をもつ滞在者は、すでに25万人以上にのぼっています。

具体的な職種では、コンピューター技師や自動車設計技師などの技術者、経理や金融、為替ディーラーやコンサルタントなど人文知識を備えた総合職、海外営業や通訳、民間企業内の語学指導など外国人としての知識をいかした国際

3つの業務内容からなる在留資格

技術・人文知識・国際業務とは、3つの業務内容からなる在留資格の総称。現在正規雇用で働く外国人の半数以上がこの資格をもつ。

「技術」

理工、工学、その他の自然科学などの分野における技術や知識を要する業務

➡機械・電気・IT分野のエンジニア、設計、生産技術、生産管理、品質管理、商品開発など

「国際業務」

外国の文化に基盤を有する思考若しくは感受性を要する関連業務

➡海外取引が発生する企業における経営管理・財務経理・総務・人事・広報・IRなどの管理部門など

「人文知識」

法律学、経済学、社会学、その他の人文科学の分野における技術や知識を要する業務

➡営業・営業企画・カスタマーサポート・宣伝PR・マーケティング・通訳・翻訳・営業活動における支援業務など

技術・人文知識・国際業務の条件

座学で得る学術的知識、外国人のもつ特性、その仕事・業務における高い専門性、技術性が求められる活動にかぎられる。いわゆる単純労働的な業務に就くことはできない。

仕事・業務の要件

- □学術的知識をいかす仕事
- □語学力をいかす仕事
- □外国人だからこそわかる海外の文化や考え方をいかす仕事

学歴・経験の要件

- □大学、短大（国内、海外の大学を問わない）卒業程度の学歴がある
- □専門学校卒でもOK（専門学校は国内の学校にかぎる。日本語学校は対象外）
- □10年以上の実務経験（在学期間も含む）があれば許可されることもある

くわしくは P96

こんな業務は不可
×工場のライン業務
×物流・倉庫内での作業
×建設・土木現場での作業
×飲食店での接客作業

学術的知識を必要としない、くり返し行うことで身につく仕事・業務（いわゆる単純労働）は不可

業務が対象です。

学歴は、国内外の大学（短大含む）卒業以上か、国内の専門学校卒業が要件。仕事内容は、大学等で専攻した学術的な知識に関連しているか、もしくは10年以上の実務経験をもつものにかぎられ、申請時には厳正に審査されます。

また報酬に関しては、日本人が従事した場合と同等以上を支払うことが定められています。

技人国は、要件を満たせば雇用形態は問われません。正社員、契約社員でも、アルバイト、派遣社員でも活躍できます。

ただしアルバイトや派遣社員の場合、在留期間が短くなりがち。正社員での就労を求める外国人が一般的です。

●特定活動46号

国内四年制大卒なら日本の新卒生と同じキャリアプランで働いてもらうことができる

留学生を国内に留める目的で成立

国内の外国人留学生の7割が就職していない現状を打破するため、特定活動46号をスタートさせせた。

在留資格は狭き門	卒業後7割は就職しない	フルタイムは不可
専門的・技術的に高度な在留資格しかなかったため、卒業後の在留資格が得にくい。	卒業後7割が、就職せず、院に進んだり、就活を続けたり、帰国したりしている。	あくまで本来の資格外の活動。週28時間の就労制限がある。キャリアアップできない。

「特定活動」は独立した在留資格ではない資格の総称。法務省の告示で指定され、特定活動で認可し、その後のニーズでひとつの資格として独立する可能性もあります。

特定活動46号は、日本の四年制大学卒以上の外国人を対象に、2019年5月にスタートしました。

これまで外国人留学生は、日本の大学を卒業しても就労できる資格の活動範囲が狭いため、採用試験に合格し、就職はできても、在留資格が得られませんでした。

卒業後も日本で働ける在留資格

特定活動46号

日本語、日本文化バッチリです！

長く日本で働き、キャリアアップをはかりたい！

これからは……
卒業後5割に増やす！
技術・人文知識・国際業務
or
特定活動46号
で就労

学歴などの要件

□日本の大学、大学院を卒業・修了し、学位を授与されている

□日本語能力試験N１、またはBJTビジネス日本語能力テスト480点以上取得（→P73～）

＊大学・大学院で「日本語」専攻・卒業者は不要。

仕事・業務の要件

□フルタイム（正社員 、契約社員）での雇用（アルバイト、パートタイム、派遣社員は不可）

□日本人と同等額以上の報酬

□日本語を用いた円滑な意思疎通を要する業務

□（特定技能のような）業種の指定はない

□日本の大学・大学院で習得した広い知識及び応用的能力等を活用（必ずしも学部・専攻と関連している必要はない）

こんな業務は不可
×飲食店での皿洗いや清掃のみ
×小売店での陳列や清掃のみ
×ホテル客室での清掃のみ
×タクシー会社での車両整備や清掃のみ

日本語でのコミュニケーションが必要ない（いわゆる単純労働のみの）仕事は不可

特定活動46号とほかの資格の労働領域

特定活動46号は、技術・人文知識・国際業務の要素を多分に含みながら、単純労働的な業務も同時に行うことができる、日本企業の中核的業務を担える資格である。

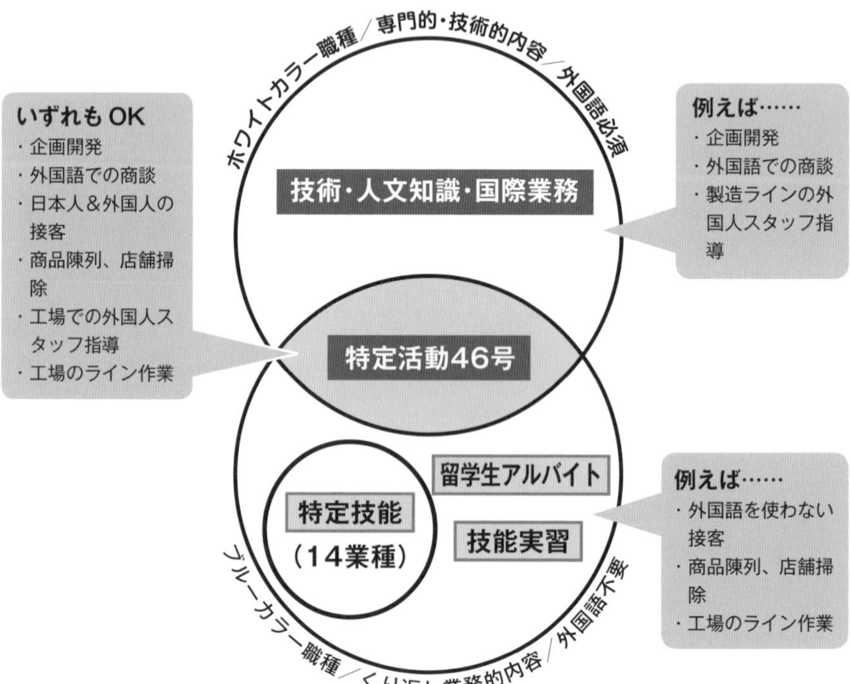

●外国人幹部候補生の採用も

技人国では「大学で学んだ高度な知識や外国語能力を使う」という条件があります。専攻科目以外の仕事や、外食や宿泊・介護などで一部行われる現場労働とみなされる業務は、認められませんでした。

しかし、特定活動46号では、日本人と同様に、現場経験をさせながらキャリアを形成する働き方ができます。

これまで留学生アルバイト頼みだった外食産業なども、正社員として外国人を採用し、後の幹部候補生として育成できます。

特定活動46号は、企業の中核人材として外国人を受け入れるため

企業側の3つのメリット

特定活動46号はスタートしたばかりの在留資格だが、今後日本企業に大きなメリットをもたらす資格として注目されている。

1 日本語、日本文化、日本式コミュニケーションを理解している

日本の四年制大学を卒業し、日本語能力試験の最難度レベルをクリアした外国人なら、日本語や日本文化を理解し、日本人とのコミュニケーションもスムーズに行えると考えられる。

コミュニケーションは安心ね!

2 日本人と同じ通常の採用活動、雇用管理でOK

日本人の新卒採用と同じスケジュール、同じ試験で採用することができる。雇用後も、通常の労働基準法に則った管理を行えば問題ない。

日本人と分ける必要はないのね!

3 幹部候補、後継者候補として長期で育成できる

在留期間に制限がなく、更新でき、家族滞在も認められる。長期的な視野で雇用できる。日本で長く働きたいと考えている人が多いので、将来の幹部候補や後継者候補として育成も。

企業の核となる人材に育ってくれたらいいわ!

の制度で、人手不足の労働力確保を目的とした特定技能とは本質的に異なります。

現在はスタートしたばかりで、活用例が少ない状況ですが、この制度により、多くの外国人が長く日本で働き、活躍すると期待されます。

豆知識

特定活動46号では風俗営業活動は許可されない

特定活動46号では、風俗営業等の規制及び業務の適正化等に関する法律（風営法）の対象となる、風俗営業活動に当たる業務は、たとえ管理業務であっても認められません。

ほかに資格外活動許可を取得している「留学」「家族滞在」の在留資格をもつ人たちも不可です。

●特定技能1号・2号

人手不足の14業種では労働力として外国人を雇用できる

2019年の法改正では、新たに「特定技能1号・2号」という在留資格が創設されました。

これは、現在日本で認められる、唯一の「労働力」確保のために設けられた在留資格です。

日本では人手不足が進み、技能習得を目的とする技能実習生や学業を目的とする留学生が実質的な労働力となってきました。

特定技能は、労働力不足の解消とともに、留学生の卒業後の選択肢になることも期待されます。

特定技能１号の資格を得る条件

特定技能１号は、今後も人手が集まりにくい14業種に限って認められた労働資源としての在留資格。慢性的な人手不足解消に大きな期待が寄せられている。

外国人本人の要件

□18歳以上であること

□対応する業種ごとの技能評価試験及び日本語能力試験(N4相当)に合格していること(技能実習２号を良好に修了した外国人は免除)

□特定技能１号で通算５年以上在留していないこと

□その他適正な条件のもとで働くことができること

➡**建設、造船・舶用工業のみ特定技能２号が認められている(→P48)**

●14業種と従事する業務内容

分野所管行政機関	特定産業分野	受入見込数※	従事する業務	問い合わせ先
厚労省	介護	60000人	・身体介護等	社会・援護局福祉人材確保対策室 03-5253-1111（2125、3146）
	ビルクリーニング	37000人	・建築物内部の清掃	医薬・生活衛生局生活衛生課 03-5253-1111（2432）
経産省	素形材産業	21500人	・鋳造　・金属プレス加工　・仕上げ　・溶接 ・鍛造　・工場板金　・機械検査 ・ダイカスト　・めっき　・機械保全 ・機械加工　・アルミニウム陽極酸化処理 ・塗装	製造産業局素形材産業室 03-3501-1063
	産業機械製造業	5250人	・鋳造　・塗装　・仕上げ　・電気機械組立て ・溶接　・鍛造　・鉄工　・機械検査 ・プリント配線板製造　・工業包装 ・ダイカスト　・工場板金　・機械保全 ・プラスチック成形　・機械加工　・めっき ・電気機械組立て　・金属プレス加工	製造産業局産業機械課 03-3501-1691
	電気・電子情報関連産業	4700人	・機械加工　・仕上げ　・プリント配線板製造 ・工業包装　・金属プレス加工　・機械保全 ・プラスチック成形　・工場板金 ・電子機器組立て　・塗装　・めっき ・電気機器組立て　・溶接	商務情報政策局情報産業課 03-3501-6944
国交省	建設	40000人	・型枠施工　・土工　・内装仕上げ／表装 ・左官　・屋根ふき　・コンクリート圧送 ・電気通信　・トンネル推進工　・鉄筋施工 ・建設機械施工　・鉄筋継手	土地・建設産業局建設市場整備課 03-5253-8111
	造船・舶用工業	13000人	・溶接　・仕上げ　・塗装　・機械加工 ・鉄工　・電気機器組立て	海事局船舶産業課 03-5253-8634
	自動車整備	7000人	・自動車の日常点検整備、定期点検整備、分解整備	自動車局 03-5253-8111（42426、42414）
	航空	2200人	・空港グランドハンドリング　・航空機整備	航空局 ①航空ネットワーク部航空ネットワーク企画課（空港グランドハンドリング関係） 03-5253-8111 （49114、49115） ②安全部運航安全課乗員政策室（航空機整備関係） 03-5253-8111（50137）
	宿泊	22000人	・フロント、企画･広報、接客、レストランサービス等の宿泊サービス等の提供	観光庁観光産業課観光人材政策室 03-5253-8367
農水省	農業	36500人	・耕種農業全般　・畜産農業全般	経営局就農・女性課 03-6744-2159
	漁業	9000人	・漁業　・養殖業	水産庁漁政部 企画課漁業労働班 03-6744-2340 加工流通課加工振興班 03-6744-2349
	飲食料品製造業	34000人	・飲食料品製造業全般	食料産業局食品製造課 03-6744-2397
	外食業	53000人	・外食業全般	食料産業局食文化・市場開拓課 03-6744-7177

※2023年度までの受入見込み数（約34万5000人・政府試算）。

特定技能１号の受け入れの流れ

生活や業務に支障がないよう、各種支援の実施が義務づけられている。

[受入機関（企業）がやるべきこと]

1 登録支援機関と契約を結ぶ

出入国在留管理庁長官の登録を受けた「登録支援機関」と契約を結ぶ（受入機関のみで以下の計画・支援を全部実施できるなら契約の必要はない）。

「登録支援機関」とは

出入国在留管理庁に申請し、出入国在留管理庁長官の登録を受けた法人又は個人（専門の民間団体や行政書士、社会労務士など）。受入機関から委託を受け、特定技能１号の外国人が安定的に活動できるようにするため、以下の支援の業務を行う。現在（2020年）の相場はひとり当たり月額2万～3万円程度。

法務省HP　登録支援機関
URL　http://www.moj.go.jp/nyuukokukanri/kouhou/nyuukokukanri07_00205.html

2 「１号特定技能外国人支援計画」を策定・実施

●事前ガイダンスの実施　●出入国しようとする飛行場等における外国人の送迎
●適切な住宅の確保に係る支援　●生活オリエンテーションの実施
●日本語学習機会の提供　●相談・苦情への対応
●外国人と日本人との交流の促進に係る支援　●転職支援　　など
上記の支援を適切に実施するための計画書を作り、実施する。

3 各種届出を行う

雇用契約の変更や支援計画の変更、支援計画の実施状況、給与支払い状況の報告などを地方出入国在留管理局長に届け出ることが義務づけられている。

そのため、介護、建設、造船、外食など人材難に悩む14業種に、労働力としての在留資格を認めることになりました。

●技能実習を経た人材を雇う

初めて雇用する際には、人材紹介会社等（Ｐ84）を活用するほうがいいでしょう。技能実習２号を修了している外国人なら試験が免除され、スムーズに特定技能１号に移行できる可能性があります。

雇用の際には「支援計画」を策定・実施することが義務づけられています。自社で行う余裕がないなど困難な場合は、登録支援機関（上記）に委託します。支援業務の相場はひとり月額２万～３万円程度です。

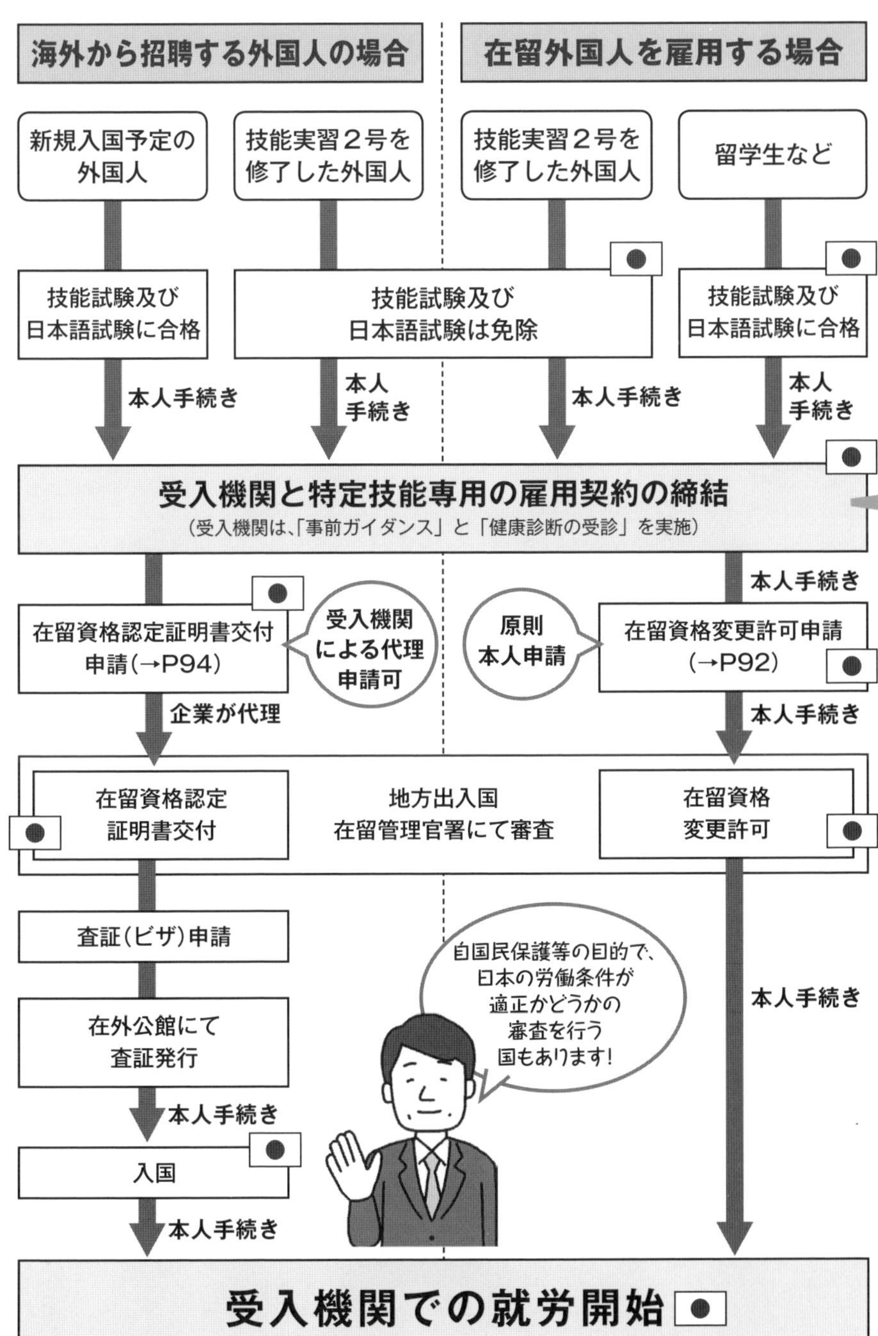
海外から招聘する外国人の場合
在留外国人を雇用する場合
新規入国予定の外国人
技能実習2号を修了した外国人
技能実習2号を修了した外国人
留学生など
技能試験及び日本語試験に合格
技能試験及び日本語試験は免除
技能試験及び日本語試験に合格
本人手続き
本人手続き
本人手続き
本人手続き
受入機関と特定技能専用の雇用契約の締結
（受入機関は､「事前ガイダンス」と「健康診断の受診」を実施）
本人手続き
在留資格認定証明書交付申請（→P94）
受入機関による代理申請可
原則本人申請
在留資格変更許可申請（→P92）
企業が代理
本人手続き
在留資格認定証明書交付
地方出入国在留管理官署にて審査
在留資格変更許可
査証（ビザ）申請
在外公館にて査証発行
自国民保護等の目的で、日本の労働条件が適正かどうかの審査を行う国もあります！
本人手続き
本人手続き
入国
本人手続き
受入機関での就労開始

建設業と造船・舶用工業のみ２号に昇格可

特定技能１号に指定されている 14 業種のうち、建設業、造船・舶用工業の２業種のみ、熟達した技術力が認められると２号に昇格でき、日本に長く在留することができる。

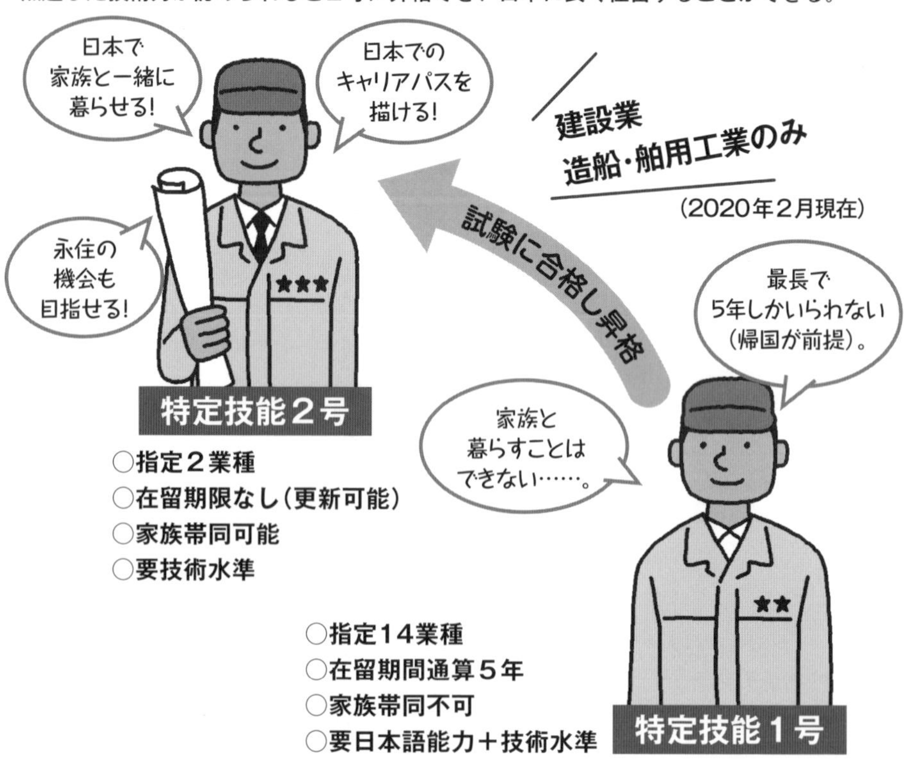

●熟練した技能をもつ外国人

特定技能2号は、建設業や造船・舶用工業において熟練した技能をもつ外国人が対象の資格です。

1号の在留期間は最長通算5年で帰国が前提。家族帯同も不可ですが、2号は最長3年の在留資格を何度でも更新可能で、家族を呼び寄せることもできます。

また1号は技能試験に加えて日本語能力試験がありますが、2号は技能試験だけ。1号からの昇格が前提なので日本語能力をはかる試験は課せられていません。

さらに1号を採用する際、企業は登録支援機関等の設置が求められますが、2号の場合、こうした支援機関の設置は不要です。

労働力の手段ではない「技能実習生」

試験に合格すれば1号（1年目）から2号（2～3年目）、3号（4～5年目）に移行。最長5年で帰国する。在留資格は毎年更新が必要。

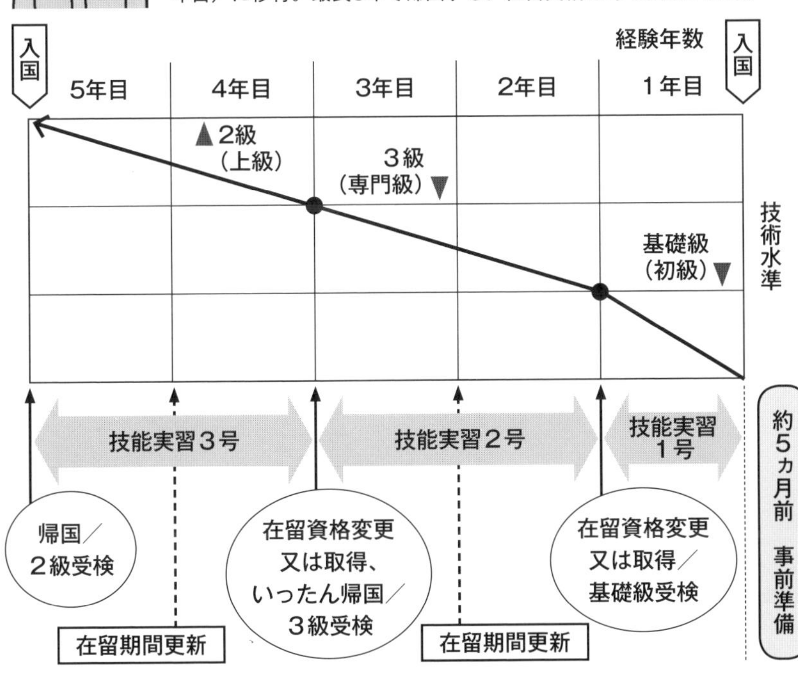

技能実習制度は、日本の技術を開発途上国に移転することを目的とした国際貢献の制度で、労働力の調整弁としてはならないという基本理念があります。

ところが近年、人手不足を技能実習生で補おうとする企業が増えるとともに、劣悪で違法な技能実習生の労働状況が問題となってきました。

このため国は在留資格に特定技能1号・2号を加え、人手不足業種での外国人労働を限定的に許可しました。この改正により、技能実習生は本来の役割に戻ると期待されます。

技能実習生の受け入れは特殊なので、中小企業が個別に採用するのは困難です。一般的には、監理団体が受け入れた実習生を、各企業が採用する方法がとられています。

●アルバイト

「留学」や「家族滞在」の資格者が、パートタイム労働に就くことが多い

アルバイトなどのパートタイム労働者として働けるかどうかは、在留資格の活動範囲によります。許可されない場合、また本来の活動とは別の活動として行う場合は、本人が資格外活動許可を取得していなければなりません。

例えば「技人国」ではパートタイム労働がＯＫ。通訳・翻訳で「技人国」を取得し、複数の会社からパートタイムで通訳の仕事を請け負うことはできます。ただし、仕事が休みの日に「ＣＭモデル」

就労できない資格なら許可をとる

以下の在留資格者は本来就労が認められていない。しかし「資格外活動許可（包括許可）」を取得すればアルバイトなどのパートタイム労働が認められる。

留学

日本にある大学、短期大学、専門学校等で学ぶ留学生。

家族滞在

就労資格、または留学で在留する外国人に扶養されて在留する配偶者、又は子ども。

申請　取得

資格外活動許可
（包括許可）

地方出入国在留管理局に本人が申請する。通常手続きに２週間～２ヵ月かかり、取得以前に就労すると本人も雇用主も罰せられる。原則週 28 時間以内、風俗営業等の従事は除く。

留学生が就学＆就活中にアルバイトするための資格

資格外活動許可を得ていれば、学校在学中にかぎりアルバイトを行うことができる。在留期間の更新時には改めて資格外活動許可の申請が必要。

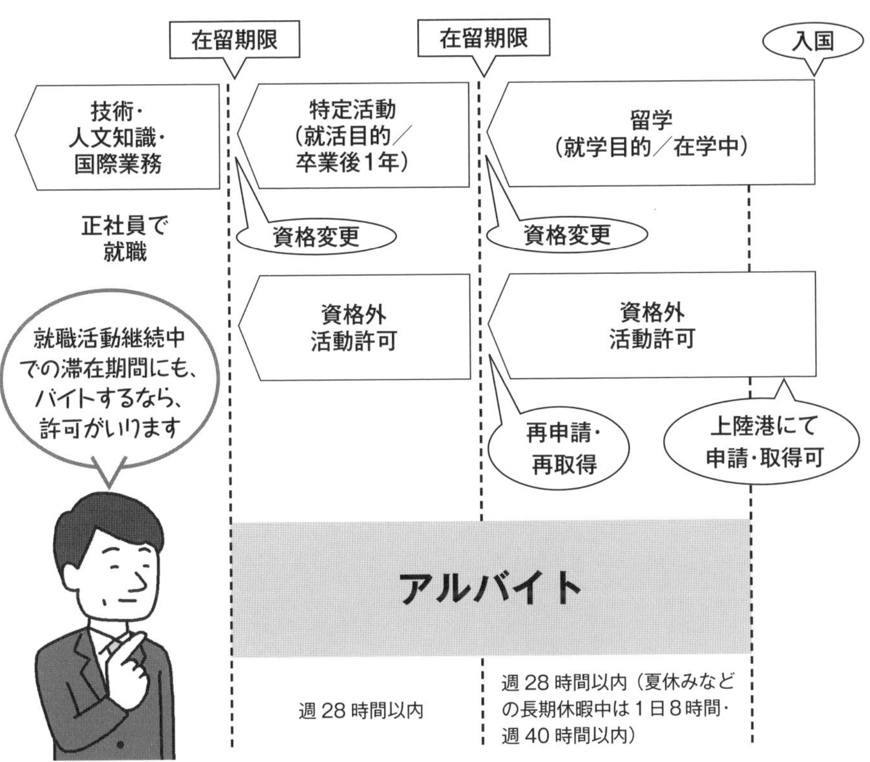

のアルバイトをする場合は、「資格外活動許可」を取得しなければなりません。

「特定活動46号」では特定の企業の正社員にしか認められません。企業と活動内容がセットでなければならないため、アルバイトや派遣社員という形態では許可が下りないのです。

また、一般的に就労可能な在留資格を取得したら、正社員雇用のほうが給料は安定し、在留期間を長く取得できます。パートタイムでの雇用を望む人は少ないのです。結果的に就労が認められていない「留学」や「家族滞在」の外国人が「資格外活動許可」を取得し、パートタイム労働に就くことになります。

主な外国人材の違い一覧表

特定技能２号	特定活動46号	技術・人文知識・国際業務	在留資格

・就労	・就労	・就労	目的
・制限なし　・更新可	・制限なし　・更新可	・制限なし　・更新可	在留期間
・可	・可	・可	家族帯同 （配偶者と子）
・不問 ・試験結果などの証明不要	・ビジネスレベル ・日本語能力試験 N1、又は BJT480 点以上 ・試験結果などの証明必要	・不問 ・試験結果などの証明不要	日本語能力
・不問	・日本の四年制大学卒業、又は大学院修了	・国内外の大学卒以上 ・日本の専門学校卒業（専門士）	学歴要件
・日本人と同等以上	・日本人と同等以上	・日本人と同等以上	給料要件
・国内、海外どちらも可能 ・直接採用、紹介会社等	・国内、海外どちらも可能 ・直接採用、紹介会社等 ・派遣・パート NG	・国内、海外どちらも可能 ・直接採用、紹介会社等 ・派遣・パート OK	採用方法と管理方法
・２業種（建設業、造船・舶用工業）のみ	・学術的知識をいかせるだけでなく、現場労働も可	・学術的知識や外国人としての知識をいかせる仕事	仕事内容
・可	・可	・可	転職・転籍

留学	技能実習 （団体監理型）	特定技能１号

・就学（就労不可。資格外活動許可を得て原則週 28 時間就労可能）	・いわゆる単純労働 ・国際貢献、技術移転	・就労（いわゆる単純労働の労働力）
・更新可 （所属する学校で制限あり）	・更新可（最長５年）	・更新可（ただし通算５年）
・可（ただし日本語学校への留学の場合は不可）	・不可	・不可
・不問	・挨拶レベル～簡単な日常会話、業務上の会話 ・試験結果は必要なし	・挨拶レベル～簡単な日常会話（日本語能力試験で N4 又はそれと同等以上） ・試験結果などの証明必要
・不問	・不問	・不問
・とくになし	・日本人と同等以上	・日本人と同等以上
・資格外活動許可を得ている留学生を直接採用、紹介会社等	・海外から招聘 ・送り出し機関から紹介 ・来日後は監理団体にて管理	・国内、海外どちらも可能 ・直接採用、紹介会社等 ・支援計画の立案と実施必須
・資格外活動許可を得ているなら風俗営業以外可 （単純労働含む）	・対象職種のみ（厚生労働省ウェブサイト内「技能実習制度 移行対象職種・作業一覧」を確認）	・14 業種のみ
・可	・不可	・可

※2020年2月現在の情報。

「特定活動46号」が抱える社会のニーズとのズレ

現在、日本の一般企業でもっとも数多く活躍しているのは「技術・人文知識・国際業務（技人国）」の外国人たちです。

しかし技人国という在留資格のハードルは高く、端的に言うと「体系的な学術知識」をもっていること、その知識を活用する仕事であることが求められます。

日本の専門学校卒業以上が条件ですが、実際には、専門学校卒の外国人は大卒より在留資格の審査が厳しく、就職率も低迷しています。

●就職希望者の雇用機会を奪う？

専門学校を出ても、在留資格が下りなければ、彼らは母国に戻ってしまいます。せっかく日本にやってきて、日本文化に親しみ、日本語を習得し、就職に前向きな人材を、企業はみすみす逃してしまっているのです。

さらにいえば、企業が現場で求めているのは、学術性、専門性や技術性がずば抜けて高い人材ばかりではありません。

とくに中小企業では、事務をやることもあれば、接客をしたり、ときにはライン作業にも入れたりする普通の人材が不足しているのです。

ところが、接客やライン業務が含まれると技人国では就労内容の範囲外になります。前述のような企業では、技人国の外国人を雇うわけにはいかないのです。

●企業のニーズに応えるはずが……

専門学校卒の外国人材の活路は、ここにあり、2019年に生まれた特定活動46号は、現在空白となっている層の人材を埋めるためのものでした。

にもかかわらず、発表された特定活動46号の条件は「日本の四年制大卒以上」「日本語能力試験N1取得相当」。技人国の条件より、さらにハードルが高いのです。

特定活動46号の条件に当てはまる、高学歴で日本語堪能な外国人がいたら、技人国での資格を取得し、それ相応の専門的な仕事に従事してしまうでしょう。

就職できずにいる専門学校卒の外国人材はここでも排除されてしまいます。

企業側の視点で条件を考えたときも、ズレが生じます。事務や接客やライン業務に、そこまで高度な学術知識や日本語能力を求めていないからです。

●専門学校卒の活躍の場が必要

就労内容的には多くの企業が求めていた特定活動46号ですが、こんな厳しい条件のままでは、就労する外国人の数を増やすことは難しいでしょう。

今後、日本が人手不足を外国人材で補おうとするのなら、特定活動46号のハードルを下げ、専門学校卒の外国人が働ける場を作っていかなければなりません。

実情に合った
制度へと
今後も改革が
進むでしょう！

PART 2

書類・面接で技能を見抜き、即戦力となる外国人材を選ぶ

外国人のなかでも
ホワイトカラー職種の採用は、
基本的に日本人と変わらない。
より優秀な、即戦力となる外国人材を集めるために、
ターゲットが知りたい情報を
明確に伝える必要がある。
自社で活躍できるかどうかを判断するための
ポイントをおさえて、履歴書チェックや面接を行う。

●採用フロー

年齢制限を緩め、通年採用にすると集まりやすい

外国人の新卒・院卒年齢は高め

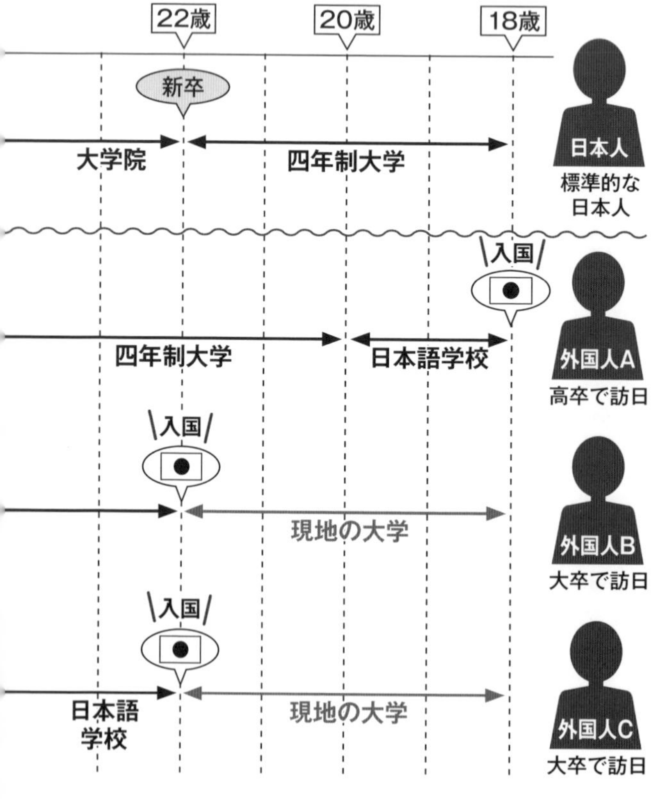

22歳 20歳 18歳

日本人（標準的な日本人）：四年制大学 → 新卒 → 大学院

外国人A（高卒で訪日）：入国 → 日本語学校 → 四年制大学

外国人B（大卒で訪日）：現地の大学 → 入国

外国人C（大卒で訪日）：現地の大学 → 入国 → 日本語学校

日本人の採用と基本的には同じですが、日本企業の採用方法はグローバルスタンダードとは異なります。独特の慣習があり、外国人が戸惑うことも多いようです。

新卒の場合、大学3年から企業研究などの準備を始め、説明会や面接を経て、4年の夏頃には内定します。

こうした流れを知らない外国人は取り残されてしまいます。

また、外国人のなかには、本国で大学まで出てから来日したり、

外国人の場合、日本に来る前にさまざまなキャリアを積んできているケースが多い。本国で大学まで卒業していると、国内の大学院を修了するのが30歳ということも。日本人の採用と同じように年齢制限を設けると、優れた人材を逃してしまうことになる。

これが就活のグローバルスタンダード

1 在学中から就活しない

大学在学中は勉強に専念し専門分野を修める。卒業前に就活を行う人はあまりいない。

2 インターンで経験を積む

卒業後にボランティアやインターンなどで自分に合う仕事を見極めながら、経験を積む。

3 採用時のステップが少ない

人の紹介で決まる。人柄より能力重視。書類と面接1回程度。日本よりも段階が少ない。

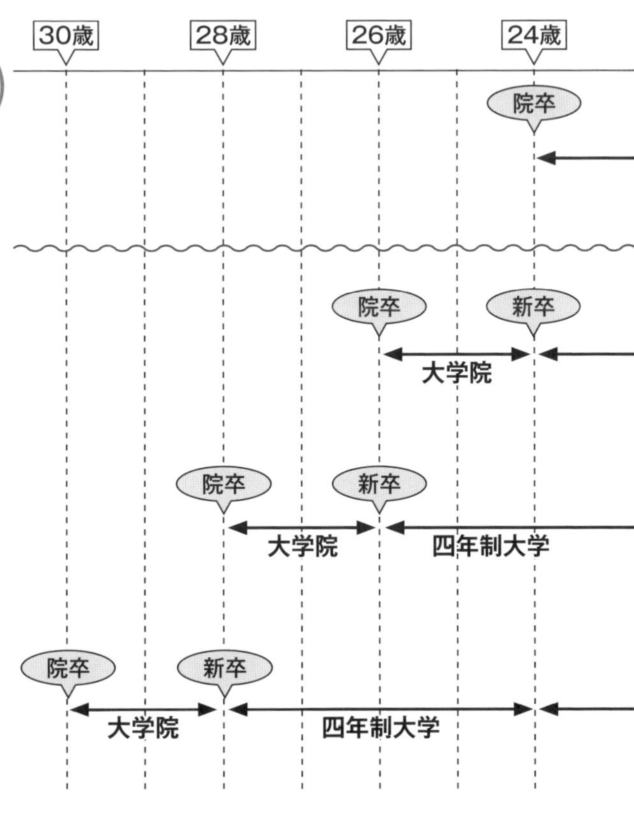

豆知識

新卒ブランドは、そもそも日本独自のもの

海外では卒業後、種々の経験やインターンなどを重ねてから就職するのが一般的。卒業と同時に新卒を一括採用するのは、日本独自の慣習です。

企業は、自社のカラーに染めやすい新卒を優先する傾向にありますが、学業への影響や既卒者が不利になるなどの弊害も。見直しの動きも出ています。

来日後に日本語学校に入学したりする人も多くいます。その後で日本の大学へ入学するため、大学を卒業する年齢は高めです。院卒になると30歳近い人もいます。

年齢制限を緩め、通年採用を導入すると、外国人が集まりやすくなり、優秀な人材の獲得につながります。

ホワイトカラー職種の主な採用活動の流れ

現在日本に在留している外国人で、技術・人文知識・国際業務、特定活動 46 号で仕事をする場合の採用の流れは在留資格の申請、ハローワークへの届出以外は基本的に日本人の採用と同じ。

Step 1
求人

職務内容や条件を記し、自社 HP や大学の就職課、ハローワークなどを通じて、求人情報を出す。

→ P60 ～

Step 2
応募受付・書類選考

締切日までにエントリーシートや履歴書などの必要書類を受け付ける。また、書類の記載内容を確認し、必要に応じて選考を行う。

→ P70 ～

Step 3
各種選考

筆記試験、面接試験、適性検査等を行う。そのとき、現在の在留資格を確認しておく。

→ P76 ～

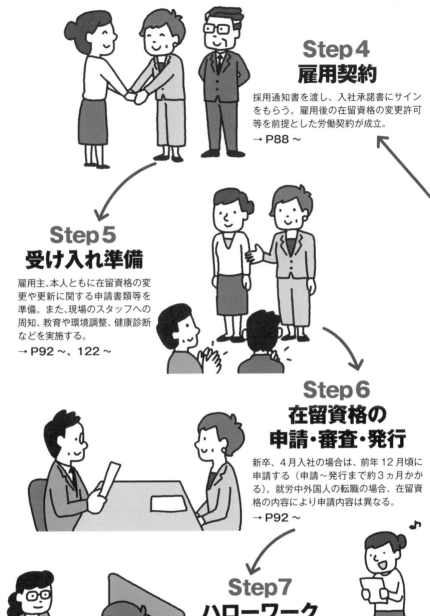

Step 4 雇用契約

採用通知書を渡し、入社承諾書にサインをもらう。雇用後の在留資格の変更許可等を前提とした労働契約が成立。

→ P88 ～

Step 5 受け入れ準備

雇用主、本人ともに在留資格の変更や更新に関する申請書類等を準備。また、現場のスタッフへの周知、教育や環境調整、健康診断などを実施する。

→ P92 ～、122 ～

Step 6 在留資格の申請・審査・発行

新卒、4月入社の場合は、前年 12 月頃に申請する（申請～発行まで約3ヵ月かかる）。就労中外国人の転職の場合、在留資格の内容により申請内容は異なる。

→ P92 ～

Step 7 ハローワークに届出

雇用主側は雇入れた月の翌月 10 日までに、ハローワークに雇用状況を届け出る。

→ P116 ～

●求人1

外国人専門の採用ページを作る。学校求人、ハローワークもフル活用

外国人求人におすすめのツールは、①自社ウェブサイト、②大学キャリアセンター、③ハローワークの3つです。多少の手間はかかりますが、費用を抑えられ、かつ効果的な方法です。

外国人雇用の際は、在留資格の申請手続きなどでコストがかかることもあります。無料ツールなどを活用し、コストダウンをはかりましょう。

採用のためのウェブサイトの作成では、一度作れば多くの外国人

新卒&中途

専用ウェブサイトを設ける

自社のウェブサイトに採用のためのページを立ち上げ、さらに外国人雇用専用のページを設ける。SNSなどと連動すると効果的。

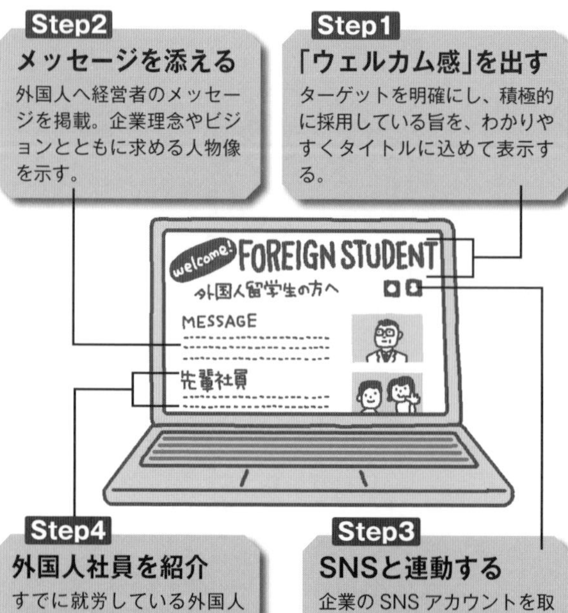

Step1
「ウェルカム感」を出す
ターゲットを明確にし、積極的に採用している旨を、わかりやすくタイトルに込めて表示する。
Step2
メッセージを添える
外国人へ経営者のメッセージを掲載。企業理念やビジョンとともに求める人物像を示す。
welcome!
FOREIGN STUDENT
外国人留学生の方へ
MESSAGE
先輩社員
Step3
SNSと連動する
企業のSNSアカウントを取得。最新情報や社内の様子などの情報が手軽に得られるようにする。
Step4
外国人社員を紹介
すでに就労している外国人がいる場合、働きぶりを紹介。就労後のイメージをもちやすい。

新卒

学校キャリアセンターに求人票を出す

日本語学校、短期大学、大学のキャリアセンターに依頼。外国人留学生を積極的に受け入れている学校には専用の窓口がある。留学生側も積極的に活用している。

キャリアセンター等に問い合わせる

キャリアセンターのウェブサイトに掲載されている企業向け情報を確認。企業情報を登録し、審査後、求人。主な方法は以下の２種類。

A

「キャリタスUC」を利用する

該当の学校が「キャリタスUC（全国約800の学校へ向け求人票を配信する民間サービス）」を利用している場合、こちらに登録し、求人を行う。基本システムは無料（一部有料）。

学校に直接求人票を提出する

学校に直接求人情報を送り、掲載してもらう。大学によってはウェブサイトより求人票のフォーマットをダウンロードし、記載したものを送付するケースもある。

外国人留学生受入数の多い大学（上位20校）

順位	学校名	留学生数		順位	学校名	留学生数	
1	早稲田大学（私立）	5,412人	(5,072人)	11	北海道大学（国立）	2,101人	(1,851人)
2	東京福祉大学（私立）	5,133人	(3,733人)	12	東北大学（国立）	2,087人	(2,025人)
3	東京大学（国立）	3,853人	(3,618人)	13	名古屋大学（国立）	1,981人	(1,805人)
4	日本経済大学（私立）	3,348人	(2,983人)	14	慶應義塾大学（私立）	1,908人	(1,677人)
5	立命館アジア太平洋大学（私立）	2,867人	(2,804人)	15	東京工業大学（国立）	1,689人	(1,432人)
6	大阪大学（国立）	2,480人	(2,273人)	16	広島大学（国立）	1,659人	(1,442人)
7	筑波大学（国立）	2,457人	(2,426人)	17	明治大学（私立）	1,506人	(1,456人)
8	立命館大学（私立）	2,446人	(2,141人)	18	同志社大学（私立）	1,397人	(1,358人)
9	京都大学（国立）	2,387人	(2,134人)	19	上智大学（私立）	1,395人	(1,307人)
10	九州大学（国立）	2,313人	(2,201人)	20	東洋大学（私立）	1,375人	(984人)

＊（　　）内は平成29年5月1日現在の数。
（「平成30年度外国人留学生在籍状況調査結果」独立行政法人日本学生支援機構、2019）

豆知識

不適切受け入れで問題になった大学もある

2019年６月、東京福祉大学に在籍する留学生１万2000人のうち約1600人が行方不明になったことが明らかとなり、文科省は同校の留学生受け入れを一部停止しました。

近年、不適切な受け入れをする学校もあり、文科省は大学の留学生受け入れ規制を強化しています。

に閲覧してもらえ、外国人の求職者のあいだで企業の知名度が上がります。また、業務を理解したうえで応募してもらえます。

ハローワークは、新卒・中途を問わず外国人求職者に周知されています。ぜひ活用してください。

予算に余裕があれば、有料のツールを試してみるとよいでしょう。

ハローワークに求人票を出す

ハローワークは厚生労働省からの指示を受け、就職困難者を中心に支援する雇用窓口。無料で利用でき、外国人求職者にも周知されている。求人方法は、基本的に日本人の求人と同じ。

Step1
管轄のハローワークで事業所登録
事業所の住所を管轄するハローワークで、（初回の場合）事業所登録を行う。
○ハローワーク管轄一覧
URL　https://www.mhlw.go.jp/kyujin/hwmap.html

Step2
求人申込書を記入＆提出
求人の条件などを「求人申込書」に記載し、提出。過去に利用履歴があれば、ハローワークインターネットサービスを通じての書類提出も可能。

Step3
求人票を公開
審査を通り、求人が受理されたら、求人票が渡され、公開（初回の場合「事業所確認票」も渡される）。受理日の翌々月の末日まで求人は有効。

Step4
紹介＆面接＆採否決定
応募者が現れるとハローワーク経由で紹介され、面接。採否が決まったらハローワークに報告する。

（「ハローワークインターネットサービス　求人申込手続きの流れ」厚生労働省職業安定局
https://www.hellowork.mhlw.go.jp/enterprise/job_offer01.html　より作成）

豆知識

就活サポートが充実！外国人向け窓口にアクセス

ハローワークには国内に数ヵ所外国人雇用向けの窓口があり、就職ガイダンスや在留資格、就業の相談などの支援を行っています。とくに東京、名古屋、大阪、福岡では、日本の特殊な採用システムに戸惑わないように外国人留学生に特化したサービス（就職ガイダンス、面接会、職業相談＆紹介、インターンシップ等）を提供（右記）。企業が参加できるサービスもあるので、アクセスしてみてください。

・東京外国人雇用サービスセンター
URL　https://jsite.mhlw.go.jp/tokyo-foreigner/
住所　東京都新宿区西新宿2-7-1　小田急第一生命ビル21階
電話　03-5339-8625

・名古屋外国人雇用サービスセンター
URL　https://jsite.mhlw.go.jp/aichi-foreigner/
住所　愛知県名古屋市中区錦2-14-25　あい★ぢワーク8階
電話　052-855-3770

・大阪外国人雇用サービスセンター
URL　https://jsite.mhlw.go.jp/osaka-foreigner/
住所　大阪市北区角田町8-47 阪急グランドビル16階
電話　06-7709-9465

・福岡学生職業センター（福岡新卒応援ハローワーク）
URL　https://jsite.mhlw.go.jp/fukuoka-young/
住所　福岡市中央区天神1-4-2　エルガーラオフィスビル12階
電話　092-716-8608

その他の求人ツールで募集する

民間のサービスや外国人向けのウェブ、新聞などのメディアを活用して募集する方法もある。無料～有料までサービスの内容も多彩。

人材派遣会社

人材派遣会社から外国人材を派遣。在留資格により労働内容・時間に制限がある。その後正社員として雇用するケースも。ミスマッチを防げる。

求人情報サイト

採用支援会社が運営する求人情報サイトに掲載する。情報掲載までは無料のケースが多い（エントリー機能など、付属の機能の内容に応じて金額が決まる）。

合同就職説明会

外国人雇用を目的とする企業が一堂に会し、就職を希望する学生に向けて、説明会や面接等を行い、企業理解を深めてもらうイベントに参加。

人材紹介会社

企業側の要望、条件を伝えると、マッチする外国人材を探してくれる。成功報酬型で、採用が決まると1人50万～100万円程度（年収の35%程度）かかる。

リファラル採用、リクルーター制度

元社員や知人等の人脈を使って縁故採用するリファラル採用や社員がリクルーターとなり求職者に接触するリクルーター制度ならコストを抑えられる。

エスニックメディア

在留外国人向けの新聞、ウェブ、雑誌などの求人情報欄に採用情報を掲載。現地の言語を使用する必要があることも。無料のこともあるが、手間がかかる。

1都3県を中心に募集をかける

特別永住者が多い大阪府、技能実習生が多い愛知県以外では、東京都、神奈川県、埼玉県、千葉県に就労可能な外国人が多く住んでいる。この1都3県を意識して、採用活動を行うとよい。

（「令和元年6月末現在における在留外国人数について」法務省、2019）

在留外国人数の多い都道府県

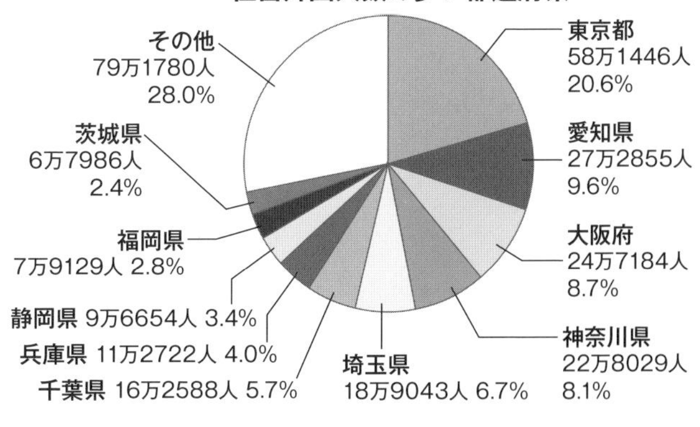

求人2

求めている外国人材が知りたい情報を明確に伝える

企業によって、必要とする外国人材はさまざまです。求人票を作る前に、自社ではどんな人材が必要なのかを整理しておきましょう。求める能力や技術水準が明確になれば、ターゲットを絞った求人活動を行うことができます。

例えば外国人ならではのスキルや専門分野に特化した人材がほしいなら、「技術・人文知識・国際業務（技人国）」の在留資格を取得できるレベルが必要です。

一方、国籍にかかわらず優秀な

ホワイトカラー職種の主なターゲット

「外国人ならではの能力・技術をもつ人材」がほしい

外国人ならではの商習慣、技術、語学力等をもつ人材、学術的な知識や高度な技術をもつ人材を採用したいなら、入社後の業務内容やポジションを決めたうえで募集するとよい。

スキルや特性をいかしたい！

専門知識や技術を習得している新卒人材
専門知識や技術をもつ活躍中の即戦力人材

□仕事の内容、範囲、責任、権限が明確か
□成果で処遇が決まるシステムが採用されているか
□文化、習慣の違いを理解、尊重してくれるか

ホワイトカラー職種では、今後企業でどういう働きをしてほしいかにより、ターゲットとするべき人物像が異なる。それぞれのニーズに合う情報を公開し、アピールすると人を集めやすい。

「将来、企業に必要となる優秀な人材」がほしい

国籍等に関係なく、優秀な外国人材を採用し、さまざまな職務を経験させ、将来を担う中核人材、海外との橋渡しとなるブリッジ人材に育成したいなら、日本人の人材と同じ方法で採用するといい。

キャリアパスが見える職場で働きたい！

ターゲット

- 国内外の大学等を卒業予定の新卒人材
- 入社５年目程度までの第二新卒人材

入社後の主な在留資格

- 特定活動 46 号
- 技術・人文知識・国際業務　など

外国人はここを知りたがる

- □人材育成の方針、処遇、将来のキャリアパスが明確か
- □入社時の給料の体系について説明があるか
- □日本語能力、日本の商習慣理解へのサポートがあるか

人材を採用し、将来的には幹部として成長してほしいと考えるなら、「特定活動46号」の採用も視野に入れることができます。

外国人は、言語スキルや自分の強みを評価してくれる企業を探しています。明確なメッセージを発信すると、多くの応募者を集められます。

豆知識

「母国との架け橋になりたい！」意識の高い外国人

外国人紹介・派遣を行う情報サイト（NINJA）で、約4万3000人の外国人に「あなたの夢はなんですか」とアンケートを取りました。結果、「母国との架け橋になりたい」という回答が97%を占めたのです。多くの外国人が自分の国を背負って来日し、高い志をもち働いていることがわかります。

適した人材を集めるための求人のポイント

外国人材を集めるために必要な求人情報を公開。外国語ではなく、平易な日本語でOK。ターゲットのほしがる情報を、簡潔に示すと、応募が集まりやすい。

「外国人ならではの能力・技術をもつ人材」向け求人情報の例

・誠実でやる気のある方求む！
・タイ語と日本語をいかし、グローバルに活躍
・アジアへの海外出張あり
・アットホームな成長企業

職種

ジュエリーバイヤー

仕事の内容

1）具体的な想定業務
・買取業務…国内外の宝石専門業者から色石の買付。
・査定・買取業務…顧客からの依頼で、石の査定・買取を行う。
・展示会の運営…東京・横浜・神戸・福岡・香港などの国内外の展示会に参加（国内４回、海外４回程度）。
・商品管理・事務業務

2）日本語使用割合　60％

3）勤務先の服装　オフィスカジュアル

4）部署人数　２名（外国人１名）

求める人物像

・まじめで正直な人
・コミュニケーションスキルが高い人

応募資格

1）必須スキル・資格
・日本語レベル　ビジネスレベル（日本語能力試験N2以上）
・タイ語レベル　ネイティブレベル
・職務経験　ジュエリーバイヤー経験を有する方（１年以上）

2）推奨スキル・資格
・ベトナム語、中国語ができる方優遇
・パソコン操作（Word、Excelを使い、定型フォームの入力ができる）
・普通自動車免許（AT限定可）
・・・・・・・・・・・・・・・

雇用形態　正社員

雇用期間　雇用時間の定めなし

年齢　59歳以下（定年年齢が60歳のため）

POINT　誤解がないよう、わかる範囲で具体的に業務内容、仕事の範囲を明示しておく。

POINT　仕事で日本語をどの程度使用するか、目安を入れておくとよい。

POINT　服装や部署人数を入れると、実際の職場の状況をイメージしやすい。

POINT　即戦力人材を求める場合、必要な職務経験と年数を明示。

POINT　もっていると望ましい、優遇されるスキル、資格を明示。

POINT　雇用対策法により、求人募集における年齢制限は原則禁止。定年などの理由を明記。

POINT 法定労働時間を守る。残業が多い場合は、残業が増える時期などを別に記述。

就業時間　9：30～18：30

・時間外労働　あり（5時間程度）
・休憩時間　60分
・就業時間に関する特記事項　月末前後は残業になることが多いです。

POINT 転勤の有無についても明記しておく。

勤務地　東京都台東区（本社・転勤なし）

POINT 福利厚生との整合性も確認。

休日等　土曜日　日曜日　祝日　祭日

・6ヵ月経過後の年次有給休暇日数　10日
・年末年始休暇　12月29日～1月4日

POINT フルタイム求人の場合には明記する。

年間休日数

124日

POINT 標準的な月の出勤日数で月額を算出。固定残業代などの各種手当は含めない。

賃金形態

1）基本給
180,000～210,000円

2）定額的に支払われる手当
・職務手当　10,000～50,000円
・調整手当　8,000～20,000円
・固定残業代　10,000～50,000円

3）賃金（1＋2）
208,000～330,000円

POINT 応募者が、もっとも気にする部分。年収モデルなどがあると伝わりやすい。

年収モデル
300万円／21歳（入社6ヵ月）
380万円／33歳（入社1年）

4）その他の手当等付記事項
扶養手当

5）賃金支払日
毎月25日

6）通勤手当
月額　35,000円まで支給

POINT 年度実績額を記入する。

昇給・賞与

・昇給　あり　（0～5,000円）
・賞与　あり　（年2回、2ヵ月分）

POINT とくに外国人では、旧正月や記念日、家族、恋人への配慮があるかどうかも大切なポイントになる。

福利厚生　社会保険完備、住宅手当／家賃補助等

・ランチミーティング支給（月2回まで11,000円上限）
・家族・恋人などの記念日17時帰宅
・クリスマス、旧正月などの帰国時期、休暇応相談

採用の流れ

1　応募受付（履歴書、自己アピール書提出）
2　書類選考
3　面接試験（人事→役員）
4　内定

受付方法

履歴書、自己アピール書を下記まで郵送してください。

【書類提出先】
〒○○○−□□□□　千代田区神田○○町１−２　○□ビル
株式会社　○□宝石　総務部

選考内容　面接試験

選考結果通知　２週間前後

応募書類の返戻
なし　応募書類はこちらで速やかに破棄させていただきます。

試用期間
あり（３ヵ月　労働条件変更あり、職務手当なし）

担当者連絡先
総務課　田中太郎
メールアドレス　○○□□@diamond.ttt

POINT 最終的に採否の通知をするまでの日数。

POINT 応募者に返却できない場合は、破棄などの旨伝えておくほうがいい。

「将来、企業に必要となる優秀な人材」向けの例

・中国語と日本語をいかし、グローバルに活躍
・将来の香港営業所責任者候補を求めています
・来年４月正社員入社。新卒・第二新卒大歓迎！

職種
宝飾品・貴金属の営業・事務・接客・企画関連

仕事の内容
１）具体的な想定業務
取引先顧客の営業訪問から事務、接客、企画立案まで幅広い業務に携わって頂く予定です。

２）日本語使用割合　80％

３）勤務先の服装　スーツ着用

４）部署人数　７名

求める人物像
・明るくてコミュニケーションスキルが高い方

応募資格
１）必須スキル・資格
日本語レベル　ビジネスレベル（日本語能力試験N２以上）
中国語（広東語）レベル　ネイティブレベル
職務経歴　不問
・５〜６年後に香港で現地責任者として働ける方

２）推奨スキル・資格
２０２×年４月度新卒、第二新卒歓迎

POINT 新卒歓迎＆将来のキャリアビジョンを明示する。

新卒の場合の
ポイントも
P66〜と
同じです

新卒採用ではスケジュール感を理解

中途採用と比べ、新卒採用は長期戦。企業側は、前年からのスケジュール感を把握して、採用スケジュールを組む。秋まで応募期間を設けたほうが、留学生を集めやすい。

									月	
		○○外国人雇用サービスセンター利用登録						インターンシップ参加	7月	学部3年生・修士／短大・専門（専修）学校1年生
									8月	
							自己分析、業界研究、企業研究		9月	
									10月	
								インターンシップ参加	11月	
									12月	
									1月	
									2月	
					会社説明会、セミナー参加	資料請求／エントリーシート・履歴書作成			3月	
	○○外国人雇用サービスセンター求人公開			筆記試験、面接試験					4月	学部4年生・修士／短大・専門学校2年生
			内々定						5月	
									6月	
									7月	
					会社説明会、セミナー参加	資料請求／エントリーシート・履歴書作成			8月	
				筆記試験、面接試験					9月	
			正式内定						10月	
									11月	
在留資格変更申請～発行									12月	
									1月	
									2月	
									3月	
就業開始									4月	社会人

秋採用

夏に卒業する国内外の留学生たちが活動しやすい時期。外国人材を探すならおすすめ。

履歴書は参考程度に。書類で落とすより、面接したほうがいい

基本的に履歴書は参考程度にし、面接まで進めて直接会って判断したほうがいいでしょう。大学名など日本の価値観をあまりもち込むべきではありません。難関大学でも留学試験がやさしいこともあれば、偏差値が低い大学でも優秀な留学生はたくさんいるからです。

また、海外では3年で学士が取れる大学があるなど、大学や学位のシステムは国により異なります。面接時、本人に直接尋ねるか、下記ウェブサイトなどで確認します。

一般的な学位取得年齢

海外の大学は日本とは学校制度が異なる。学歴を見るときは、その国の学校制度をインターネット等で確認する。

フィリピン	ベトナム	韓国	中国	歳
後期中等教育卒業	後期中等教育修了	高等学校卒業	高級中学卒業	18
				19
大学で修業				20
				21
学士	学士	学士	学士	22
				23
修士	修士	修士	修士	24
				25
	博士	博士		26
博士				27
			博士	28
				29

「世界の学校体系」(ウェブサイト版)文部科学省
https://www.mext.go.jp/b_menu/shuppan/sonota/detail/1396836.htm

履歴書を見るときのポイント

きれいに正しく書かれていることが原則。そのうえでポイントを絞り、内容の整合性を確認する。

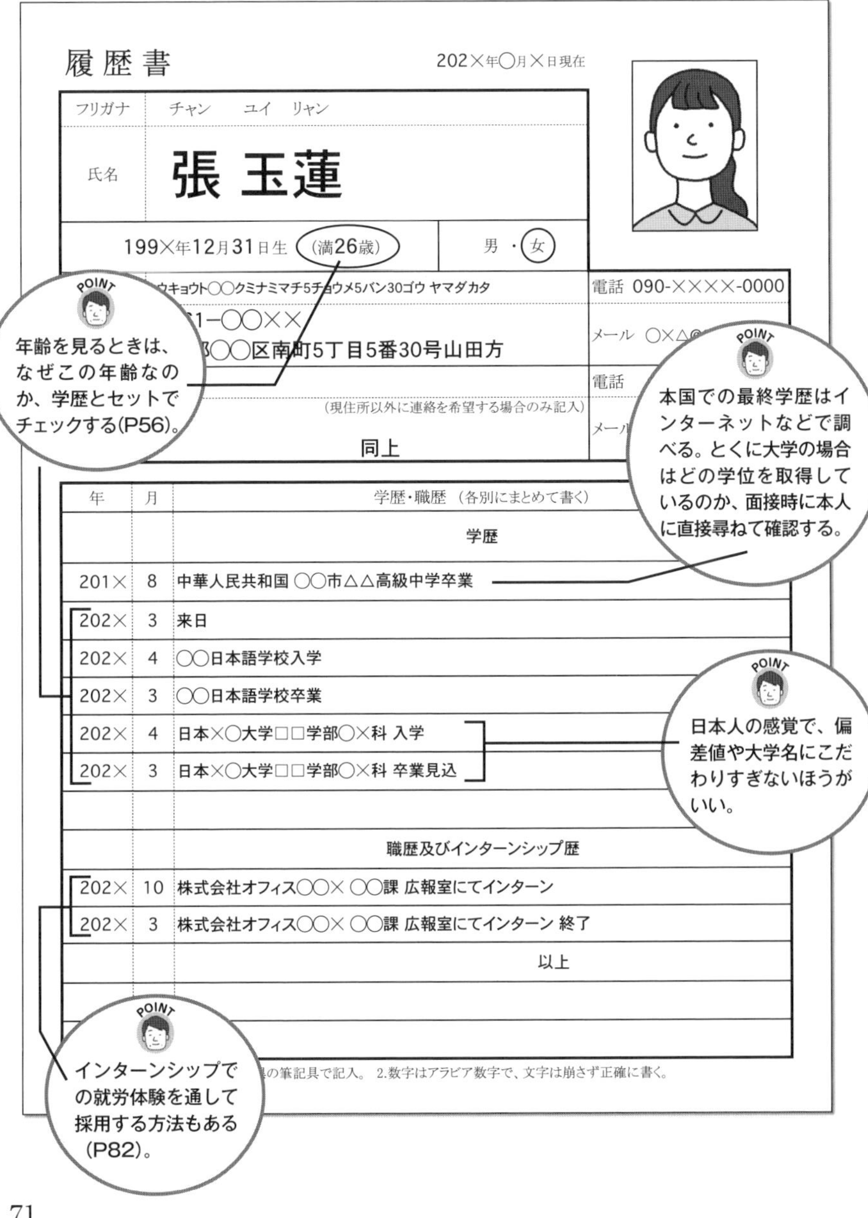

履歴書　202×年〇月×日現在

フリガナ	チャン　ユイ　リャン
氏名	張 玉蓮
199×年12月31日生（満26歳）	男・女（女に丸）

ウキョウト〇〇クミナミマチ5チョウメ5バン30ゴウ ヤマダカタ	電話 090-××××-0000
1−〇〇×× 〇〇区南町5丁目5番30号山田方	メール 〇×△@
	電話
（現住所以外に連絡を希望する場合のみ記入） 同上	メール

年	月	学歴・職歴（各別にまとめて書く）
		学歴
201×	8	中華人民共和国 〇〇市△△高級中学卒業
202×	3	来日
202×	4	〇〇日本語学校入学
202×	3	〇〇日本語学校卒業
202×	4	日本×〇大学□□学部〇×科 入学
202×	3	日本×〇大学□□学部〇×科 卒業見込
		職歴及びインターンシップ歴
202×	10	株式会社オフィス〇〇× 〇〇課 広報室にてインターン
202×	3	株式会社オフィス〇〇× 〇〇課 広報室にてインターン 終了
		以上

具の筆記具で記入。 2.数字はアラビア数字で、文字は崩さず正確に書く。

POINT
年齢を見るときは、なぜこの年齢なのか、学歴とセットでチェックする(P56)。
POINT
本国での最終学歴はインターネットなどで調べる。とくに大学の場合はどの学位を取得しているのか、面接時に本人に直接尋ねて確認する。
POINT
日本人の感覚で、偏差値や大学名にこだわりすぎないほうがいい。
POINT
インターンシップでの就労体験を通して採用する方法もある(P82)。

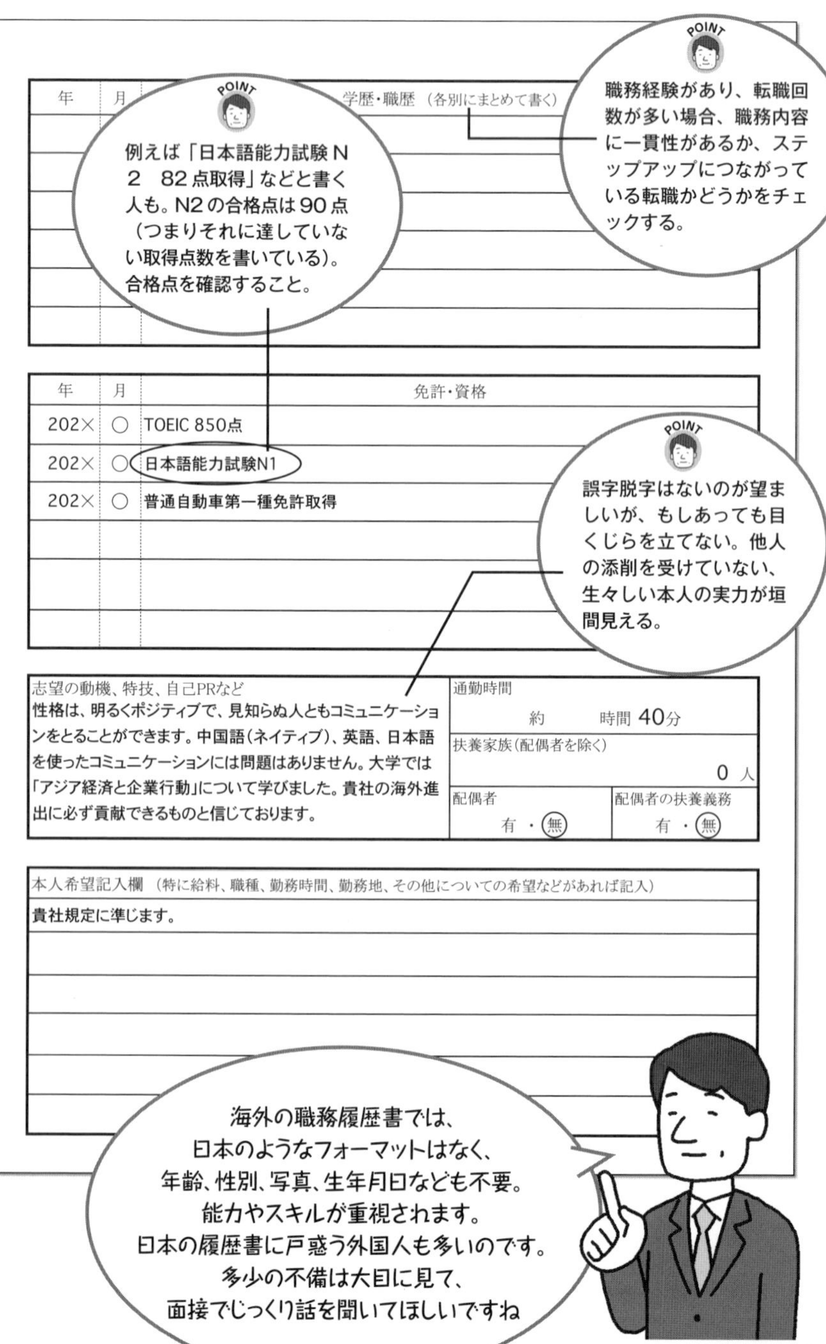

年	月	学歴・職歴（各別にまとめて書く）

年	月	免許・資格
202×	○	TOEIC 850点
202×	○	日本語能力試験N1
202×	○	普通自動車第一種免許取得

志望の動機、特技、自己PRなど	通勤時間	
性格は、明るくポジティブで、見知らぬ人ともコミュニケーションをとることができます。中国語（ネイティブ）、英語、日本語を使ったコミュニケーションには問題はありません。大学では「アジア経済と企業行動」について学びました。貴社の海外進出に必ず貢献できるものと信じております。	約　時間 40分	
	扶養家族（配偶者を除く）　0 人	
	配偶者　有・(無)	配偶者の扶養義務　有・(無)

本人希望記入欄（特に給料、職種、勤務時間、勤務地、その他についての希望などがあれば記入）

貴社規定に準じます。

POINT
例えば「日本語能力試験N2　82点取得」などと書く人も。N2の合格点は90点（つまりそれに達していない取得点数を書いている）。合格点を確認すること。
POINT
職務経験があり、転職回数が多い場合、職務内容に一貫性があるか、ステップアップにつながっている転職かどうかをチェックする。
POINT
誤字脱字はないのが望ましいが、もしあっても目くじらを立てない。他人の添削を受けていない、生々しい本人の実力が垣間見える。
海外の職務履歴書では、
日本のようなフォーマットはなく、
年齢、性別、写真、生年月日なども不要。
能力やスキルが重視されます。
日本の履歴書に戸惑う外国人も多いのです。
多少の不備は大目に見て、
面接でじっくり話を聞いてほしいですね

日本語能力試験JLPTにおける認定目安

日本語能力試験ＪＬＰＴは、約116万人が受験する世界最大規模の日本語試験（年２回実施）。認定目安がその他の日本語能力試験（P74）の目安にもなっている。

レベル	読む	聞く
N１	論理的に複雑な文章や抽象度の高い文章を読んで、構成・内容を理解できる。また、内容に深みのあるものを読んで、話の流れ、表現意図を理解できる。	幅広い場面で、自然なスピードのまとまりのある会話やニュース、講義を聞いて、話の流れや内容、登場人物の関係や内容の論理構成などを詳細に理解したり、要旨を把握したりできる。
N２	新聞、雑誌の記事・解説、平易な評論など論旨明快な文章であれば内容を理解できる。また、一般的な話題の読みものの流れ、表現意図を理解できる。	幅広い場面で、自然なスピードのまとまりのある会話やニュースを聞いて、話の流れや内容、登場人物の関係を理解したり、要旨を把握したりできる。
N３	日常的な話題について書かれた具体的な内容を表す文章を読み、理解できる。新聞の見出しなどから情報の概要をつかむことができる。また、難易度が高い文章は言い換えられていれば要旨を理解できる。	日常的な場面で、自然なスピードのまとまりのある会話を聞き、話の具体的な内容を登場人物の関係などとあわせてほぼ理解できる。
N４	基本的な語彙や漢字を使って、身近な話題の文章を読み、理解できる。	日常的な場面で、ややゆっくりと話される会話なら、内容がほぼ理解できる。
N５	ひらがなやカタカナ、基本的な漢字で書かれた定型的な語句や文、文章を読み、理解できる。	日常生活のなかで出会う場面で、ゆっくり話される短い会話なら、必要な情報を聞き取ることができる。

（「Ｎ１～Ｎ５：認定の目安」日本語能力試験ＪＬＰＴ
https://www.jlpt.jp/about/levelsummary.html　より作成）

●N2以下で切り捨てない

特定活動46号は日本語能力試験N1が必須ですが、それ以外の場合、日本語能力試験の結果だけで判断することは避けてください。

日本語の試験は、その性質上漢字圏出身者が有利なうえ、試験ではコミュニケーションスキルははかれません。また同じレベルでも、来日後数ヵ月なのか、数年なのかによっても、その後の「伸びしろ」は異なります。

さらに、社内で意思疎通が取れればいいのか、それとも営業に必要なのかなど、自社で求めるレベルも考慮する必要があります。

書類選考で一律にN2以下を切ることはせず、必ず面接で確認を。

日本語能力試験のレベル比較一覧

試験名	実用日本語運用能力試験 TOPJ	標準ビジネス日本語テスト STBJ	日本語 NAT-TEST	実用日本語検定 J.TEST	ビジネス日本語能力テスト BJT	日本語能力試験 JLPT
スコア	上級A			特A級、A級、準A級、B級	J1＋	
	上級B		1級	準B級	J1	N1
	上級C	BJ1				
	中級A		2級	C級	J2	N2
	中級B	BJ2				
	中級C		3級	D級	J3	N3
		BJ3				
	初級A-4		4級	E級	J4	N4
		BJ4				
	初級A-5		5級	F級 G級	J5	N5
		BJ5				
主催団体	TOPJ実用日本語運用能力試験実施委員会	一般社団法人応用日本語教育協会	専門教育出版	日本語検定協会・J.TEST日本事務局	公益財団法人日本漢字能力検定協会	国際交流基金&公益財団法人日本国際教育支援協会
URL	https://www.topj-test.org/	https://www.ajlea.net/	http://www.nat-test.com/	http://j-test.jp/	https://www.kanken.or.jp/bjt/	https://www.jlpt.jp/

履歴書等に記載でき、在留資格申請の際、地方出入国在留管理局に資料として提出できる日本語の試験は現在10種類。完全に比較できるわけではないが、外国語の運用能力の国際的指標「CEFR」やTOEICと比べるとレベル感を把握しやすい。

CEFR（ヨーロッパ言語共通参照枠）	参考 TOEIC（国際コミュニケーション英語能力テスト）	JPT 日本語能力試験	実践日本語コミュニケーション検定 PJC	外国人日本語能力検定 JLCT	生活・職能日本語検定 J-cert
C2（母語話者と遜色ない熟練者）					マスターコース マスター級
C1（優れた言語運用能力を有する者・上級者）	1990～1845点	660点以上	A+～A- B+	JCT1	Aコース 上級
B2（実務に対応できる者・準上級者）	1840～1560点	525点以上	B- C+	JCT2	Aコース 準上級
B1（習得しつつある者・中級者）	1555～1150点	430点以上	C- D+	JCT3	Aコース 中級
A2（学習を継続中の者・初級者）	1145～625点	375点以上	D− E+	JCT4	Bコース 準中級
A1（学習を始めたばかりの者・初学者）	620～320点	315点以上	E-	JCT5	Bコース 初級
		一般社団法人日本語能力試験実施委員会	株式会社サーティファイ	一般社団法人外国人日本語能力検定機構	公益財団法人国際人財開発機構
		https://www.jptest.jp/	https://www.sikaku.gr.jp/c/pjc/	https://www.jlct.jp/	https://www.j-cert.org/

点線罫より上がビジネスレベルです

（各試験ＨＰ、英語４技能試験情報サイト［http://4skills.jp/］より作成）

●各種選考1

面接でのコミュニケーション能力と、日本語能力の伸びしろ、順応性をチェックする

筆記試験は、日本の新卒と同じものを使って構いません。ただしSPIなどの適性検査は日本語を母国語とする人が対象なので、あまり役に立ちません。採否は、できるだけ面接で判断しましょう。

面接は、日本語で構いません。平易な表現でストレートに質問し、コミュニケーション能力を見ます。重要なのは、年齢と在留期間の長さに対する現在の能力、向上心。これらのバランスを見て、今後の本人の「伸びしろ」を予測するこ

面接試験で尋ねるべきこと

できるだけミスマッチを防ぐために、お互いが「望むこと」「できること／求めること」「将来像」などにズレがないかどうかを、面接時によく確認する。

望むこと&できることをチェック

転職を通じて、**当社に期待すること**はなんですか？

母国語であるタイ語を使い、ジュエリーバイヤーとしての経験をいかし、より専門性を高められる仕事をしていきたいです

以前の職場では、**どんな仕事の流れ**でしたか？

トレンドマーケティング、デザイン開発の担当者とも連携をはかり、パートナー企業と商談し、私ひとりで原石の買いつけを行ってきました

「当社への期待」「会社選びで重視すること」など、価値観、希望について確認します。本人が望むことと企業が望むことにズレが生じると離職の原因に。具体的に「やっていきたいこと」「現状確実にできること（実績）」について、確認しておきましょう。

順応性をチェック

日本に来てみて、**「慣れない、馴染めない、想定外だ」と思ったこと**はなんですか？

バイトで、時給もつかないのに「15分前に入れ」と言われたことです

あなたはそれに**どうやって対応した**のですか？

それによってチームワークが高まる面があるという発見がありました。日中の業務を効率よく行うためにも必要だと割り切り、受け入れました

「慣れなかったこと」「馴染めなかったこと」「理解しづらかったこと」を確認します。これから仕事をしていくときも、似たようなことがあるかもしれません。それをどのように克服したかで順応性をはかることができます。

とに重点を置いてください。

また、母国との慣習の違いをどう乗り越えたかなどを尋ねて、順応性もチェックしておきましょう。

具体的な仕事の希望や将来像を聞いておくことも、ミスマッチを防ぐためには不可欠です。上記を参考に最適な人材を見極めてください。

豆知識

日本の常識の理解度をはかる試験も登場

一般社団法人外国人雇用協議会では、日本の文化、常識、商習慣をどれだけ理解しているか、支障なくビジネスシーンでコミュニケーションをとれるかを評価するために「外国人就労適性試験」を作成。今後、採用の新たな基準になると期待されています。

ポテンシャルの高さをチェック

来日してどのくらいになりますか？
日本語は**どうやって勉強**したのですか？

高校卒業と同時に来日したので、３年半です。
日本語は母国にいる高校生のときから、独学です

日常会話では苦労がないレベルですよね。
日本語の勉強については
今後どうしていきたいですか？

もっと自然な会話ができるようになりたいです。
ビジネス会話も極めたいので、
まだまだ勉強していきます

例えば同じ日本語能力でも、来日して 10 年以上で N2 を取得したのか、2〜3年で取得したのかで努力や要領のよさの質がわかります。日本語を勉強して、どの程度話せるようになりたいかを尋ねると、その人のポテンシャルの高さをうかがい知ることができます。

採用時には、本人のキャリアビジョンを把握することも重要です。数年で帰国したいのか、幹部を目指しているのかによって、採用後の指導方針も異なるでしょう。「採用には影響しない」と前置きして、本音を聞いておきましょう。

また、お盆やお正月のような大切な休暇はどの国にもあり、みな長期休暇を取りたいものです。あらかじめ休暇の希望についても聞いておくと、入社後のトラブルを避けられます（P81参照）。

●礼儀作法は大目に見て

敬語や挨拶のしかたなど日本の礼儀作法は、教わらなければできないのが当たり前です。新卒であれば敬語が使えなかったり、人前

キャリアビジョンをチェック

10年後のキャリアビジョンについて、今思っている正直なところを話してみてもらえますか？

結婚や出産をしても、
仕事は続けたいと思っています

ご両親は中国にいらっしゃいますよね？
いずれは母国に戻りたいと希望していますか？

御社はアジア進出をしていくと聞いています。
私は、中国進出の際にお役に立ちたいと思っています。
また母国で働くことで、両親の助けにもなりたいです

将来どうなりたいかについては必ず聞いておきましょう。
「採用には影響しない」という前提で、
本音を話してもらうことが大切です。
とくにアジア系外国人は親への思いが強いので、
親の面倒をどうしていきたいのかも確認しておきます。

で足を組んで座ったりしても、入社後の研修で教えればよいのです。人柄やコミュニケーション能力、技術などを重視しましょう。

即戦力として期待される中途採用の場合には、商談中に問題が生じないレベルかどうかなど、求められる業務によって判断することをおすすめします。

豆知識

面接のタブーは日本人の採用と同じ

日本人の面接では、信仰など個人的信条に関わることや、家族環境など本人に責任のない事柄についての質問等は許されていません。外国人採用時も同じです。これらの事柄が業務に関連すると考えられる場合には、具体的に業務内容を説明しながら、支障がないか確認しておくといいでしょう。

●各種選考2

自社の経営方針を正直に伝え、ミスマッチを防ぐ

外国人の懸念事項を解消

企業側と外国人との考え方にギャップが生まれやすい問題には、実態を伝えてトラブルを未然に防ぐ。

人事評価はどうなっているんだろう……

●成果が反映される基準を導入

評価基準が不透明ではないかと心配する外国人は多い。この機会に成果に基づく客観的な評価基準を導入したほうがいい。

外国人ならではの特性はいかせるのかな……

●求める人材を明確に伝えて

面接時から企業側がスペシャリストを求めるのか、ジェネラリストとして育成したいのかを伝え、本人の意向を確認しておく。

残業、休日出勤はどうなるのかな

●労働環境の実態は包み隠さずに

とくに中途人材ほどワーク・ライフ・バランスを重視する。どういうケースで残業・休日出勤になるのか。代休の実態なども話しておく。

●モデルケースを示し理解を得る

外国人は短期間でのキャリア形成が一般的。もし長期雇用が前提で時間がかかるなら、どのくらい時間がかかるのかモデルケースを示したほうがいい。

面接時には、なにを目指し、重きを置くのか、経営方針を伝えることが大切。採用後の処遇も、ミスマッチを防ぐために説明します。

日本では多様な業務をこなしながら仕事を覚えていくジェネラリストが一般的ですが、外国人は、自分の強みをいかして短期間にキャリアアップするスペシャリストを望む傾向があります。スキルをどのように活用できるのか、評価基準やキャリアパスも明確に。

ワーク・ライフ・バランスも重

在留外国人が多い主要国の大型連休

海外の正月や建国記念日などの大型連休には、里帰りを望む外国人も多い。往復に必要な日数も含めて、いつどのくらい休暇を望んでいるのかも、尋ねておくといい。

12月	11月	10月	9月	8月	7月	6月	5月	4月	3月	2月	1月	
		▲ 国慶節（建国記念日）								├─ 春節（旧正月）	─┤	中国、台湾
			▲ チュソク（秋夕／祖先祭祀）							├─ ソルラル（旧正月）	─┤	韓国
										├─ テト（旧正月）	─┤	ベトナム
										├─ チャイニーズ・ニュー・イヤー（旧正月）	─┤	フィリピン
		├─ ダサイン（国家をあげての宗教行事）	─┤									ネパール
├─ ★毎年不定期　ラマダン（断食月）及びレバラン（断食明け大祭）											─┤	インドネシア
								▲ ソンクラーン（太陰太陰暦で新年／水かけ祭り）				タイ

遠方の故郷に1週間程度帰るには、どの程度の休みが必要なのか聞いておきます。本人も安心し、企業の印象もよくなります

視されるので、残業や休日出勤の実態説明も必要です。こうした事柄を外国人の視点で見直して明文化することが、全社的なグローバル化につながっていきます。

長期休暇は、国によって時期や長さが異なります。どの程度休めるのかも話しておきましょう。

●その他の採用ルート

インターンシップやアルバイト経由で採用すればミスマッチを防げる

国内の留学生や海外の学生にインターンシップやアルバイトを経験させ、採用につなげる方法があります。

留学生向けの求人は、受け入れ態勢が整っているコンビニなどに偏りがち。オフィスワーク系は経験できる機会が少ないため、人気です。優秀な人材を集めやすく、ミスマッチ防止にも役立ちます。

またワーキングホリデー経由で採用する方法もあるので検討してみましょう（P120）。

就活なら週28時間以上勤務OK

就職活動の一環として行うインターンシップで、大学等で学んだ専門知識等をいかす活動の場合、下記のいずれかの条件を満たせばフルタイムでの勤務が可能になる。

□四年制大学で単位9割修得済みの留学生

四年制大学在籍中の４年生（在留資格は「留学」）で、卒業単位をほぼ修得している。ただし短大は除外。インターンシップを行う年度末で修業年度を終え、卒業に必要な単位を９割修得済。

□修士2年、博士3年の留学生

在留資格「留学」をもち、インターンシップを行う年度末で修業年度を終える、修士２年、博士３年の留学生。

□「特定活動」をもって就職活動中の卒業生

在留資格「特定活動」を取得している就職活動中の卒業生。短大卒業、専門学校を修了した人も対象。

□「特定活動」をもって在留する就職内定者

「特定活動」を取得している就職内定者。

企業側は、活動内容や報酬等が
書かれた証明書を用意。
留学生は、その証明書と在学証明書、
成績証明書を入国管理局に
提出・申請します

在留資格の違いを確認しておく

報酬の有無や、取得している在留資格によって、資格外活動許可の要不要が異なる。また資格外活動許可があっても、週28時間以上勤務する場合（右記）は個別申請しなければならない。

【新卒の場合】

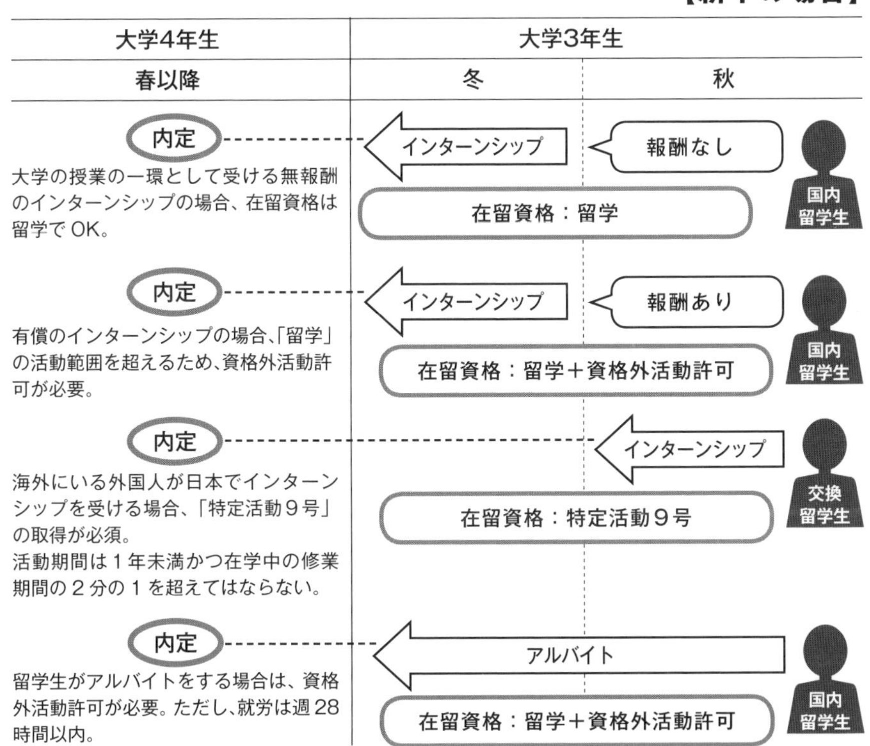
大学4年生
大学3年生
春以降
冬
秋
内定
インターンシップ
報酬なし
国内留学生
大学の授業の一環として受ける無報酬のインターンシップの場合、在留資格は留学でOK。
在留資格：留学
内定
インターンシップ
報酬あり
国内留学生
有償のインターンシップの場合、「留学」の活動範囲を超えるため、資格外活動許可が必要。
在留資格：留学＋資格外活動許可
内定
インターンシップ
交換留学生
海外にいる外国人が日本でインターンシップを受ける場合、「特定活動９号」の取得が必須。
活動期間は１年未満かつ在学中の修業期間の２分の１を超えてはならない。
在留資格：特定活動９号
内定
アルバイト
国内留学生
留学生がアルバイトをする場合は、資格外活動許可が必要。ただし、就労は週28時間以内。
在留資格：留学＋資格外活動許可

【卒業後１年間就活継続の場合】

卒業後
大学4年生
春以降
冬
秋
インターンシップ
資格外活動許可を取得すれば、一定の条件下での有償のインターンシップへの参加、アルバイトが許可される。
国内留学生
在留資格：特定活動
在留資格：留学＋資格外活動許可

国内の大学を卒業し、国内で就職活動を継続する場合は、「留学」から「特定活動」への在留資格の変更が必要（１年間は認められる）。そのうえでインターンシップを体験する。

ブルーカラーや技術系人材を探すときに!

人材紹介・人材派遣を選ぶポイント

手続きが複雑なブルーカラー人材や人材がかぎられている技術系の人材の場合、人材紹介や人材派遣会社に依頼する方法も。会社ごとに得意不得意ジャンルがある。ポイントを見極めて、会社を選ぶ。

POINT 1

HPや契約書に許認可番号の記載がある

人材紹介事業、労働者派遣事業（人材派遣）は国の許認可事業。厚生労働省から許認可を受けている必要がある。受けている場合は、HP や契約書に以下のような許可番号が記載されている。

人材派遣会社

【労働者派遣事業】一般労働者派遣事業許可番号／派13－300×××

人材紹介会社

【人材紹介事業】有料職業紹介事業許可番号／13－ユ－300×△○

ここで確認できる！

厚生労働省職業安定局人材サービス総合サイト

https://jinzai.hellowork.mhlw.go.jp/JinzaiWeb/GICB101010.do?action=initDisp&screenId=GICB101010

上記ウェブサイト内の「労働者派遣事業」「職業紹介」の「許可・届出事業所の検索」で許可番号を打ち込むと、免許の取得状況や、業務改善命令の履歴を検索できる。

ホワイトカラー職種は、在留資格の更新手続きを除き、日本人と同様に採用できます。

一方、建設業などブルーカラー系やITなどの技術系は人材がかぎられています。また、特定技能1号などは、雇用直後から事前のガイダンスを行ったり、さまざまな支援を実施したりしていかなければなりません（P46）。

このようなケースや、社員数が少なく採用活動に時間も労力も割けないような場合、初めての外国人雇用で不安な場合には、人材紹介・派遣会社を利用するといいでしょう。

人材紹介・派遣会社はたくさんありますが、外国人雇用を扱っている実績がある企業で、なおかつ自社に適した企業を選びます。

上記のポイントをおさえたうえで、

POINT 2

目的とする人材の実績が豊富

求める人材に特化した人材派遣・人材紹介会社のほうが、派遣、紹介までスムーズ。ウェブサイトを参照したり、面会時に実績を確認。

派遣 ジャンルを確認

外国人材の分類を確認。ブルーカラー系や技術系を雇用したいなら、以前にそれらのジャンルを扱っているかどうか、会社のウェブサイトなどでアピールされているかどうかを見る。

紹介 年収・採用方法を確認

人材紹介会社の場合、下記のジャンル分けのほかに、年収レンジの軸、また、海外から招聘するのか、国内で採用するのかを確認する。どこにターゲットを絞るか考え、会社を選ぶ。

目的とする人材のジャンルと年収にチェックを入れてみよう

技術系（機械エンジニア・IT技術者など）	ホワイトカラー系（事務・営業など）	オレンジカラー系（販売・接客など）	ブルーカラー系（建設、運送、製造など）	ジャンル／年収
				ハイクラス（800万円以上）
				ミドルクラス（450万円以上800万円未満）
				ジュニアクラス（450万円未満）

採用の方法は？

海外招聘
海外在住の外国人のなかから、希望の人材を探し、紹介。日本に招聘する。

OR

国内採用
在留外国人のなかから、希望の人材を紹介する。

自社の採用条件を明確にし、求める人材に強い企業を選びましょう。

打合せ時には自社の採用条件を見せながら、担当者の能力や人柄を確認します。

多くが、成功報酬型。雇用が決まると、ひとり当たり30万〜100万円程度の報酬を支払うことに。話を進めるなかで、担当者と信頼関係を築いていけるといいでしょう。

豆知識

違法の危険があれば顧問弁護士などに確認

厚生労働省の許認可がなく「コンサルティング費」等の名目で人材斡旋している企業もあります。不安な場合は顧問弁護士などに確認しましょう。

また基本的に求職者から手数料を徴収することは禁止。雇用する外国人が派遣会社からお金を徴収されていたら、取り引きの見直しを検討して。

組織体制を確認し、メリット&デメリットを検討する

人材派遣・人材紹介の会社では、2タイプの組織体制が一般的。それぞれメリットとデメリットがある。両方を取り入れている会社もあるため、担当者との面会時に話を聞いておく。

組織体制のタイプ別メリット&デメリット

分業タイプ	一気通貫タイプ	タイプ
社内のキャリアアドバイザーが求職者に対応、コンサルタントが企業に対応する分業体制をとる。	ひとりの担当者が求職者から企業まですべてを一気通貫で対応する。	**特徴**
より専門分野に特化した担当者が、求職者、企業の要望を聞く。多くの案件を同時に扱い、対応が速い。	企業の声を直接聞く担当者が、適した人材を探すため、マッチングの精度がアップする。	**メリット**
社内のチームワークがよくないと、情報共有がうまくいかず、マッチングの精度が落ちる。	対応できる人数にかぎりがあるため、派遣・紹介までに時間がかかることもある。	**デメリット**

求めている人材の言語に対応している

求めている人材の言語に精通しているスタッフがいて、フォロー体制がしっかりしている会社がベスト。

海外招聘

多言語対応が必須。とくに求めている人材の言語に強いほうが安心。

国内採用

日本語レベルが高い外国人材なので、必須ではないが、できたほうが安心。

担当者の能力を確認する

担当者の人間的魅力、ビジネススキルで左右される。打合せ時に、以下の3つのポイントをおさえて話をし、本人の能力を見極める。

対人コミュニケーション能力

適切な人材を、条件をすり合わせながら口説き落とすには、高い交渉力が必要になる。

ニーズに対する理解力

企業ごとのニーズ、狙っている人材の人物像を正確に理解する能力が求められる。

入管法の知識

入管法に精通していること、またモラル意識があるかどうかも重要。

PART 3

法的問題をクリアし、トラブルなく外国人を採用する

採用が決まり、実際に雇用契約書を交わす段階で、
就労のための在留資格（就労ビザ）の申請、
ハローワークへの届出などが義務づけられている。
在留資格の活動内容と実際の就労内容が合致しないと、許可は下りない。
手続きを踏まなければ違法になり、企業の責任が問われることも。
トラブルに発展せず、スムーズに申請を行うために、
審査の基準や書類作成のコツを知る。

雇用契約書・労働条件通知書で労働条件を明らかに示して合意を得る

労働基準法では、使用者（雇う側）は労働者（雇われる側）に、雇用期間や業務、賃金などの条件を「労働条件通知書」などの書面で明示することが義務づけられており、外国人労働者も同じです。

また、「雇用契約書」は、明示された雇用条件を使用者と労働者が合意し、署名・捺印して双方で保管するものです。法律上義務はありませんが、一般に外国は契約文化。トラブルを避けるためにも作成することをおすすめします。

雇用契約書のポイント

雇用時には雇用契約書を、企業と被雇用者で交わす。このとき別に労働条件通知書に被雇用者のサインをもらう。契約書に通知書の内容を盛り込み、兼ねることもできる。

書面で通知しなければならない項目

（1）労働契約の期間に関する事項
（2）就業の場所及び従事すべき業務に関する事項
（3）始業及び終業の時刻、所定労働時間を超える労働の有無、休憩時間、休日、休暇並びに労働者を二組以上に分けて就業させる場合における就業時転換に関する事項
（4）賃金（退職手当及び臨時に支払われる賃金を除く）の決定、計算及び支払いの方法、賃金の締切り及び支払いの時期並びに昇給に関する事項
（5）退職に関する事項（解雇の事由を含む）

上記については書面で明示しなければならない（ただし（4）の昇給に関する項目は除く）。

（「労働基準法施行規則第5条第1項」より作成）

雇用契約期間

期間の定めの有無と、ある場合は期間を記す。労働契約期間は、労働基準法に定める範囲で。

就業場所＆業務内容

雇入れ直後のものだけでもよいが、将来の就業場所、従事させる業務をあわせて網羅的に明示してもOK。

【労働条件通知書を兼ねた雇用契約書の見本】

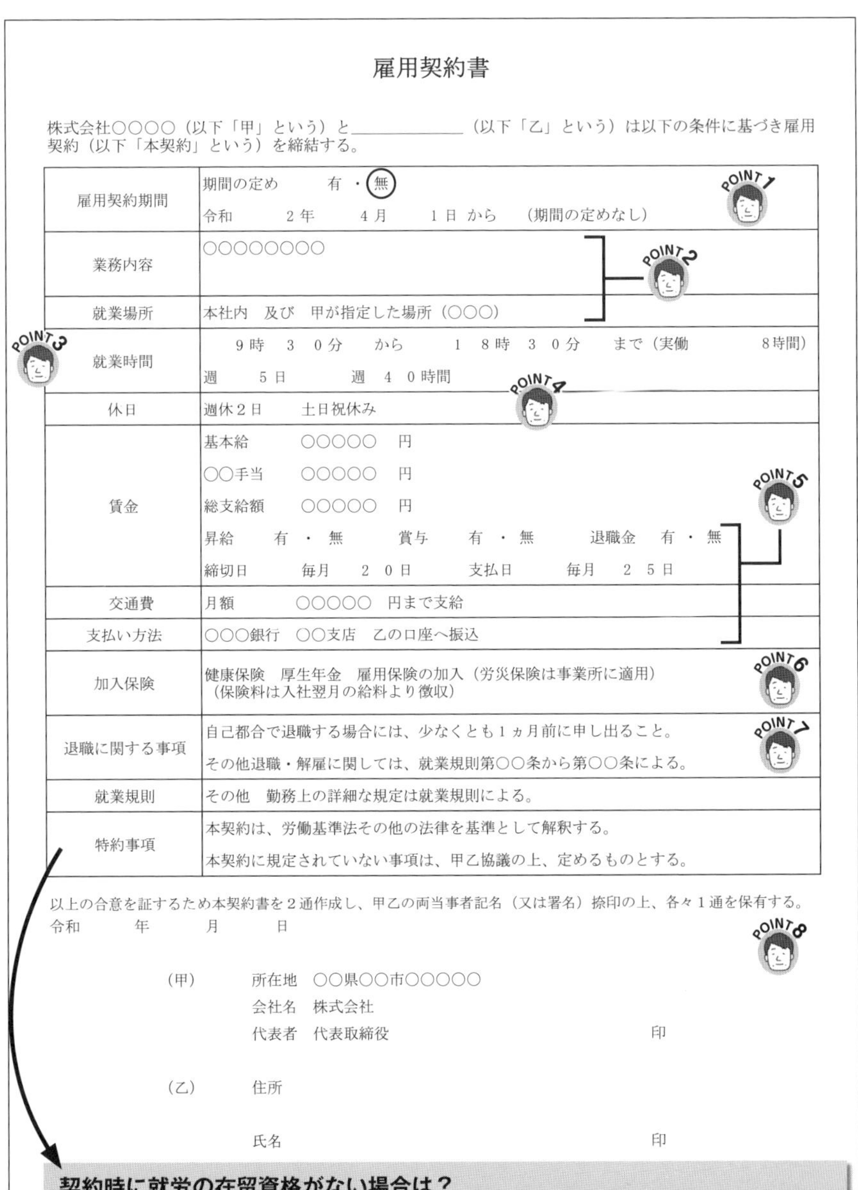

雇用契約書

株式会社○○○○（以下「甲」という）と＿＿＿＿＿＿（以下「乙」という）は以下の条件に基づき雇用契約（以下「本契約」という）を締結する。

雇用契約期間	期間の定め　有・(無) 令和　2年　4月　1日から　（期間の定めなし）
業務内容	○○○○○○○○
就業場所	本社内　及び　甲が指定した場所（○○○）
就業時間	9時　30分　から　18時　30分　まで（実働　8時間） 週　5日　週　40時間
休日	週休2日　土日祝休み
賃金	基本給　○○○○○　円 ○○手当　○○○○○　円 総支給額　○○○○○　円 昇給　有・無　賞与　有・無　退職金　有・無 締切日　毎月　20日　支払日　毎月　25日
交通費	月額　○○○○○　円まで支給
支払い方法	○○○銀行　○○支店　乙の口座へ振込
加入保険	健康保険　厚生年金　雇用保険の加入（労災保険は事業所に適用） （保険料は入社翌月の給料より徴収）
退職に関する事項	自己都合で退職する場合には、少なくとも1ヵ月前に申し出ること。 その他退職・解雇に関しては、就業規則第○○条から第○○条による。
就業規則	その他　勤務上の詳細な規定は就業規則による。
特約事項	本契約は、労働基準法その他の法律を基準として解釈する。 本契約に規定されていない事項は、甲乙協議の上、定めるものとする。

以上の合意を証するため本契約書を2通作成し、甲乙の両当事者記名（又は署名）捺印の上、各々1通を保有する。
令和　年　月　日

（甲）　所在地　○○県○○市○○○○○
　　　　会社名　株式会社
　　　　代表者　代表取締役　印

（乙）　住所

　　　　氏名　印

契約時に就労の在留資格がない場合は？

契約時に、まだ就労の在留資格をもたない新卒生の場合、就労資格の取得を条件として雇用契約が有効となる「停止条件付き雇用契約」を結び、雇用契約書作成時、特記事項に記す。

例） 本契約の効力発生は、就労可能な在留資格での在留許可を得ることを条件としてその効力を生じることとする。

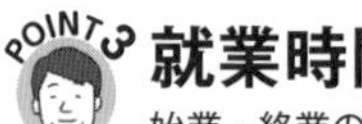

POINT3 就業時間

始業・終業の時刻、休憩時間、所定時間外労働の有無等を記す。内容が膨大になるときは、始業・終業の時刻、休日等の考えを示したうえで、網羅的に明示してもOK。

各制度を用いるとき……

●変形労働時間

（　　）単位の変形労働時間制・交替制として次の勤務時間の組み合わせによる。

始業（　　：　　）終業（　　：　　）　適用日
始業（　　：　　）終業（　　：　　）　適用日
始業（　　：　　）終業（　　：　　）　適用日

※適用する変形労働時間制の種類（１年単位、１ヵ月単位等）を記載。その際、交替制でない場合、「・交替制」を ═ で抹消する。
※交替制とは、シフト毎の始業・終業の時刻を記載すること。その際、変形労働時間制ではない場合、「（　）単位の変形労働時間制・」を ═ で抹消する。

●フレックスタイム制

始業及び終業の時刻は労働者の決定に委ねる。
・ただし、フレキシブルタイム始業（　　：　　）～（　　：　　）終業（　　：　　）～（　　：　　）、コアタイム（　　：　　）～（　　：　　）
※コアタイム又はフレキシブルタイムがある場合は、始業・終業時刻を記載。ない場合は ═ で抹消する。

●事業場外みなし労働時間制

始業（　　：　　）終業（　　：　　）
※所定の始業及び終業の時刻を記載。

●裁量労働制

始業（　　：　　）終業（　　：　　）を基本とし、労働者の決定に委ねる。
・詳細は、就業規則第（　）条～第（　）条、第（　）条～第（　）条
※基本とする始業・終業時刻がない場合、「始業～を基本とし、」の部分を ═ で抹消する。

●口頭で理解度を確認する

雇用契約書は労働条件通知書と別に作成しても、両者を一体化して署名・捺印しても構いません。

雇用条件の記載に関しては、就業規則と同程度にくわしく記すと安心です。早出の残業や休日出勤、長期休暇の規定も記しましょう。

厚労省の指針では、外国人雇用の際、「外国人労働者が理解できるよう」労働条件を明示した書面を交付することとされています。

ただし、翻訳ソフトなどで母国語にすると、誤解を生むリスクがあります。日本語で説明し理解度を確認。厚労省のウェブサイトから、英語版、各国語版の労働通知書をダウンロードできます。

「厚生労働省の外国人労働者向けモデル労働条件通知書」（英語版）
http://www.mhlw.go.jp/new-info/kobetu/roudou/gyousei/kantoku/dl/040325-4.pdf　より作成

休日

定例日（毎週○曜日、○曜日、国民の祝日、その他）、非定例日（週・月当たり○日）、また年単位の変形労働時間制の場合は年間○日等記す。詳細として、就業規則の条項を記しておく。休暇も、後からもめるのが心配な場合は、以下のように明示する。

休暇について記すときは……

1．年次有給休暇

6ヵ月継続勤務した場合 ○ 日

継続勤務6ヵ月以内の年次有給休暇（ 有 、無 ） → ○ヵ月経過で○日

時間単位年休（ 有 、無 ）

※年次有給休暇は、6ヵ月間継続勤務し、その間出勤率8割以上であるとき与える（付与日数を記載）。時間単位年休は、労使協定を締結し、時間単位の年次有給休暇を付与するもの（制度の有無を記載）。

2．代替休暇（ 有 、無 ）

※労使協定を締結し、法定超えとなる所定時間外労働が1ヵ月60時間を超える場合、法定割増賃金率の引き上げの割増賃金の支払いにかえて有給の休暇を与える（制度の有無を記載）。

3．その他の休暇　有給　　無給

・詳細は、就業規則第（　）条～第（　）条、第（　）条～第（　）条

※制度がある場合に、有給、無給別に休暇の種類、日数（期間等）を記載。

加入保険

社会保険の加入状況（厚生年金、健康保険、厚生年金基金など）や雇用保険の適用の有無、雇用管理の改善等に関する事項に係る相談窓口など。

退職に関する事項

定年制の有無、継続雇用制度の有無、自己都合退職の手続き（退職する ○ 日以上前に届け出ること）、又解雇の事由及び手続など。「詳細は就業規則（第○条～第○条）」としてもいい。

署名と捺印

雇用契約書の場合は2部用意し、両者がサインし、お互いに1部を保管する。労働通知書は、雇用者のサインをもらえばOK。

賃金

以下の項目について細かく記し、合意をとっておくと安心。最低賃金（実際に支払われる賃金から割増賃金、精皆勤手当、通勤手当、家族手当等を除いたもの）以上になっているかどうかの確認も忘れずに。

- 基本給
- 諸手当の額（計算方法）
- 所定労働時間外・休日又は深夜労働に対して支払われる割増賃金率
- 賃金締切日
- 賃金支払日
- 賃金の支払方法
- 労使協定に基づく賃金支払時の控除の有無
- 昇給、賞与、退職金　など

「外国人労働者向けモデル労働条件通知書」（英語、中国語、韓国語、ベトナム語など）
外国人労働者との労働条件のトラブル防止のため、外国語併記の労働条件通知書が紹介されている。
URL　https://www.mhlw.go.jp/new-info/kobetu/roudou/gyousei/leaflet_kijun.html

採用時の状態に応じて必要な申請が異なる。転職採用の場合、届出のみのことも

外国人が日本で働くには、就労ビザ（就労のための在留資格）が必要になります。いくら採用試験に受かり就職が決まっても、就労ビザを得られなければ日本で働くことはできません。申請には、本人が書類をそろえ、現在住んでいる場所の地方出入国在留管理局に提出します。

採用企業は審査に必要な書類を作成し、本人に渡します。

書類は在留資格や手続きの内容によって異なります。

就労ビザに関する手続き

留学生を採用したとき

在留資格変更許可申請

所属（活動）機関に関する届出

くわしくは
P96〜・106〜

**「留学」から
「技術・人文知識・国際業務」や
「特定活動46号」に
在留資格を変更**

就労に際し、「留学」から別の在留資格に変わる場合は「在留資格変更許可申請」「所属（活動）機関に関する届出（卒業・退学時）」を行う。本人の住居地を管轄する地方出入国在留管理局に書類を提出。在留資格変更許可申請の処理には１～２ヵ月程度かかるため、卒業の３～４ヵ月前には申請を行うほうがいい。

ワーキングホリデーからの
変更は手続きが異なります
（P120）

「技術・人文知識・国際業務」の人を中途採用し、同じ在留資格で働いてもらうとき

所属（活動）機関に関する届出

転職＆退職日から
2週間以内に！

「技術・人文知識・国際業務」のままなので申請は不要

転職先でも同じ在留資格で活動できる場合「所属（活動）機関に関する届出（入・退社時）」を最寄りの地方出入国在留管理局に提出するだけでいい。２週間以内に提出しなかった場合、20万円以下の罰金の可能性もある（提出期限を過ぎても早めに届け出ること）。在留期限内ならば転職は何回してもOK。

「特定活動46号」の人を中途採用したとき

在留資格変更許可申請

所属（活動）機関に関する届出

「特定活動46号」を新しい会社で申請し直す

特定活動46号は、所属機関とセットで許可が与えられているため、特定活動46号の活動範囲で就労する場合でも、転職時には新しい会社から「在留資格変更許可申請」を提出し、改めて在留資格を取得し直す必要がある。

在留資格変更許可申請
URL　http://www.moj.go.jp/ONLINE/IMMIGRATION/16-2.html

所属（活動）機関に関する届出
URL　http://www.moj.go.jp/nyuukokukanri/kouhou/nyuukokukanri10_00015.html

現在海外にいる外国人を呼び寄せて採用するとき

在留資格認定証明書交付申請

来日する人に、新たな在留資格を取得させる

海外から日本に招聘され、新たに国内で就労する場合には、入国前に「在留資格認定証明書交付申請」を行う。本人はまだ母国にいるため、雇用側である企業が代理で申請することが多い。処理には１～３ヵ月程度かかる。この手続のあとに、本人は本国の在外日本国領事館にて査証（ビザ）を取得する。

初めて海外招聘をする場合には、
申請取次行政書士や人材紹介の会社など、
入管法についての専門知識をもつ人に
依頼するほうが安心です

在留資格認定証明書交付申請
URL　http://www.moj.go.jp/ONLINE/IMMIGRATION/16-1.html

●書類は自社でも作れる

申請する就労ビザで許されている就労内容と、実際につく仕事の内容が合致し、取得条件をクリアしていれば、スムーズに審査を通過できます。

難しい書類ではありません。自社でもじゅうぶん書類を作成できます。

しかし、就労ビザの就労内容、取得条件を熟知している必要があります。少しでも不安があるときは、専門の行政書士（申請取次行政書士・Ｐ１０８）や弁護士に依頼したほうがいいでしょう。

それぞれそろえるべき書類が異なりますので、まず法務省のウェブサイトを参照してください。

期間更新可能な就労ビザ取得者

採用後に、在留期限が3ヵ月を切ったとき

在留期間更新許可申請

在留期間内に期間更新の申請を行う

在留期間が満了する日まで３ヵ月を切った場合、「在留期間更新許可申請」を行う（満了日の３ヵ月前から更新可能）。もし更新を忘れてしまった場合は、すみやかにその旨を伝え、申請を行う。更新しないと不法在留者となり、外国人及び雇用者双方に重い刑事罰が科せられる。

在留期間更新許可申請
URL　http://www.moj.go.jp/ONLINE/IMMIGRATION/16-3.html

在留期間は在留資格ごとに異なります。何年許可されるかは、雇用側の企業規模（Ｐ１０２）によることが多いようです。

豆知識

就労資格証明書は任意。特別な効力はない

　就労資格証明書とは、外国人が在職中に地方出入国在留管理局に申請し、「現在の職場における就労内容が、在留資格に該当するものであるかどうか」を証明する書類です。

　ただしこの書類は任意のものです。在留資格の変更や在留期間の更新に役立つものでも、転職の際に必要なものではありません。

　就労資格証明書を、採用の可否の判断に用いないようにしてください。

●就労ビザの申請2

技術・人文知識・国際業務への資格変更の提出書類は企業の規模で変わる

資格変更許可申請は、仕事の内容が「技術・人文知識・国際業務（技人国）」「特定活動46号」の活動範囲に合致し、取得基準をクリアしていればＯＫ。自社作成の書類でも審査は通過します。

ただ技人国は、企業の規模で提出するべき書類が異なります。不明点は、地方出入国在留管理局の相談センター（Ｐ１１１）に問い合わせてください。期間更新は、在留態度が良好なら、とくに問題は生じません。

在留資格変更許可申請の流れ

「留学」から「技術・人文知識・国際業務」や「特定活動46号」などの資格変更の手続きは、在留期限前に行う。申請処理に１～２ヵ月を要するので早めに準備する。

申請することができる人

申請する本人（外国人）

OR

雇用機関（企業）の職員

申請取次行政書士、弁護士も代行できる（P108）。

取次者の条件

□地方出入国在留管理局長から申請取次の承認を受けている

＋

□申請人から依頼を受けている

直接提出（郵送不可）

審査

地方出入国在留管理局

変更申請処理には１～２ヵ月間かかる。

はがきで通知

本人の元に通知書（通常はがき）が届く。期日までに外国人本人又は取次者が地方出入国在留管理局に出頭する。

本人が出頭＆手続き

許可の場合、パスポート、在留カード、収入印紙（手数料）、申請受付票、通知書を持参し手続きを行う。不許可でも在留期限内ならば再申請できる。

技術・人文知識・国際業務

審査の視点と資格変更に必要な書類

審査は地方出入国在留管理局で行われる。各在留資格で許される活動内容とこれから行う業務が一致しているか、取得基準をクリアしているか、またそれらが事実であるかどうかという点が検討される。

視点2
実際に該当する仕事があり、それが事実かどうか？

視点1
在留資格で許される活動内容か？　取得基準をクリアしているか？

地方出入国在留管理局

雇用機関（企業）が作成

- □在留資格変更許可申請書（所属機関等作成用） ➡P100
- □所属機関区分のための証明書 ➡P102
- □所属機関区分ごとの追加資料 ➡P102

申請人（外国人）が作成

- □在留資格変更許可申請書（申請人等作成用） ➡P98
- □証明写真
- □パスポート及び在留カード
- □専門学校卒業の場合、専門士又は高度専門士の称号を証明する文書

これらの書類以外に、
「雇用理由書」(P104)の
提出も推奨されています。
後日、要請されることが多いので、
先に提出しておくと安心です

豆知識

短大卒、専門学校卒の専門士等は資格基準に適合する

「技人国」の資格基準では、四年制大卒や院卒だけでなく短大卒、また国内の専門（専修）学校を卒業し、「専門士」「高度専門士」の称号を付与された人も適合します。

ただし、日本の専門学校にあたる外国の教育機関、また国内でも日本語学校のみを卒業した人は適合しません。

在留資格変更許可申請・申請人等作成用書類のポイント

【1枚目】

別記第三十号様式（第二十条関係）
申請人等作成用 1
For applicant, part 1

日本国政府法務省
Ministry of Justice,Government of Japan

在　留　資　格　変　更　許　可　申　請　書
APPLICATION FOR CHANGE OF STATUS OF RESIDENCE

写 真
Photo

法　務　大　臣　殿
To the Minister of Justice

出入国管理及び難民認定法第20条第2項の規定に基づき，次のとおり在留資格の変更を申請します。
Pursuant to the provisions of Paragraph 2 of Article 20 of the Immigration Control and Refugee Recognition Act,
I hereby apply for a change of status of residence.

1 国 籍・地 域 Nationality/Region ＿＿＿＿　2 生年月日 Date of birth ＿＿ 年 Year ＿＿ 月 Month ＿＿ 日 Day

3 氏 名 Name ＿＿＿＿ Family name ＿＿＿＿ Given name

4 性 別 Sex 男・女 Male/Female　5 出生地 Place of birth ＿＿＿＿　6 配偶者の有無 Marital status 有・無 Married / Single

7 職 業 Occupation ＿＿＿＿　8 本国における居住地 Home town/city ＿＿＿＿

9 住居地 Address in Japan ＿＿＿＿

電話番号 Telephone No. ＿＿＿＿　携帯電話番号 Cellular phone No. ＿＿＿＿

10 旅券 Passport　(1)番 号 Number ＿＿＿＿　(2)有効期限 Date of expiration ＿＿ 年 Year ＿＿ 月 Month ＿＿ 日 Day

11 現に有する在留資格 Status of residence ＿＿＿＿　在留期間 Period of stay ＿＿＿＿

在留期間の満了日 Date of expiration ＿＿ 年 Year ＿＿ 月 Month ＿＿ 日 Day

12 在留カード番号 Residence card number ＿＿＿＿

13 希望する在留資格 Desired status of residence ＿＿＿＿

在留期間 Period of stay ＿＿＿＿　（審査の結果によって希望の期間とならない場合があります。）(It may not be as desired after examination.)

14 変更の理由 Reason for change of status of residence ＿＿＿＿

15 犯罪を理由とする処分を受けたことの有無（日本国外におけるものを含む。） Criminal record (in Japan / overseas)
有（具体的内容 Yes (Detail: ＿＿＿＿ ）・無 / No

16 在日親族（父・母・配偶者・子・兄弟姉妹など）及び同居者
Family in Japan(Father, Mother, Spouse, Son, Daughter, Brother, Sister or others) or co-residents
有（「有」の場合は，以下の欄に在日親族及び同居者を記入してください。）・無
Yes (If yes, please fill in your family members in Japan and co-residents in the following columns) / No

続 柄 Relationship	氏 名 Name	生年月日 Date of birth	国 籍・地 域 Nationality/Region	同居の有無 Residing with applicant or not	勤務先名称・通学先名称 Place of employment/ school	在 留 カ ー ド 番 号 特別永住者証明書番号 Residence card number Special Permanent Resident Certificate number
				有・無 Yes / No		
				有・無 Yes / No		
				有・無 Yes / No		
				有・無 Yes / No		
				有・無 Yes / No		
				有・無 Yes / No		

※ 16については，記載欄が不足する場合は別紙に記入して添付すること。 なお，「研修」，「技能実習」に係る申請の場合は記載不要です。
Regarding item 16, if there is not enough space in the given columns to write in all of your family in Japan, fill in and attach a separate sheet.
In addition, take note that you are not required to fill in item 16 for applications pertaining to "Trainee" or "Technical Intern Training".

（注）裏面参照の上，申請に必要な書類を作成して下さい。 Note : Please fill in forms required for application. (See notes on reverse side.)

POINT
縦4×横3cmの顔写真を貼付。申請前3ヵ月以内に正面から撮影。無帽、無背景で鮮明なもの。写真の裏に申請人の氏名を記載しておく。

POINT
申請人の情報を記載する。なおここに記載された住所を管轄する地方出入国在留管理局に申請書を提出する。

POINT
希望する在留資格と希望する在留期間、変更理由を記す。この在留期間は、「所属機関等作成用」の2枚目「4 就労予定期間」と、一致させる必要はない。

POINT
犯罪歴がなければ、「無」に丸をつける。

POINT
在日親族、同居者の詳細情報を記す。

申請人等（外国人）が作成する申請書（２枚）。国籍、生年月日、氏名、パスポートの番号や有効期限、現在の在留資格などのデータと、希望する在留資格や変更の理由、また在日親族の有無、勤務先や大学等での専攻、資格、職歴を記入する。

【２枚目】

申請人等作成用 2　N（「高度専門職（1号イ・ロ）」・「高度専門職（2号）」（変更申請の場合のみ）・「研究」・「技術・人文知識・国際業務」・「介護」・「技能」・「特定活動（研究活動等），（本邦大学卒業者）」）
For applicant, part 2 N ("Highly Skilled Professional(i)(a/b)" / "Highly Skilled Professional(ii)" (only in cases of change of status) / "Researcher" / "Engineer / Specialist in Humanities / International Services" / "Nursing Care" / "Skilled Labor"/ "Designated Activities(Researcher or IT engineer of a designated organization), (Graduate from a university in Japan)")
在留期間更新・在留資格変更用
For extension or change of status

17 勤務先 Place of employment
※ (2)及び(3)については，主たる勤務場所の所在地及び電話番号を記載すること。
For sub-items (2) and (3), give the address and telephone number of your principal place of employment.
(1)名称 Name ＿＿＿＿　支店・事業所名 Name of branch ＿＿＿＿
(2)所在地 Address ＿＿＿＿　(3)電話番号 Telephone No. ＿＿＿＿

18 最終学歴（介護業務従事者の場合は本邦の介護福祉士養成施設について記入）
Education (if you engage in activities of nursing care or teaching nursing care, fill in details about the certified care worker training facility in Japan)
□ 大学院（博士） Doctor　□ 大学院（修士） Master　□ 大学 Bachelor　□ 短期大学 Junior college　□ 専門学校 College of technology
□ 高等学校 Senior high school　□ 中学校 Junior high school　□ その他（　　　） Others
(1)学校名 Name of school ＿＿＿＿　(2)卒業年月日 Date of graduation ＿＿ 年 Year　月 Month　日 Day

19 専攻・専門分野 Major field of study
（18で大学院（博士）～短期大学の場合） (Check one of the followings when the answer to the question 18 is from doctor to junior college)
□ 法学 Law　□ 経済学 Economics　□ 政治学 Politics　□ 商学 Commercial science　□ 経営学 Business administration　□ 文学 Literature
□ 語学 Linguistics　□ 社会学 Sociology　□ 歴史学 History　□ 心理学 Psychology　□ 教育学 Education　□ 芸術学 Science of art
□ その他人文・社会科学（　　　） Others(cultural / social science)　□ 理学 Science　□ 化学 Chemistry　□ 工学 Engineering
□ 農学 Agriculture　□ 水産学 Fisheries　□ 薬学 Pharmacy　□ 医学 Medicine　□ 歯学 Dentistry
□ その他自然科学（　　　） Others(natural science)　□ 体育学 Sports science　□ 介護福祉 Nursing care and welfar　□ その他（　　　） Others
（18で専門学校の場合）
□ 工業 Engineering　□ 農業 Agriculture　□ 医療・衛生 Medical services / Hygienics　□ 教育・社会福祉 Education / Social welfare　□ 法律 Law
□ 商業実務 Practical commercial business　□ 服飾・家政 Dress design / Home economics　□ 文化・教養 Culture / Education　□ 介護福祉 Nursing care and welfare　□ その他（　　　） Others

20 情報処理技術者資格又は試験合格の有無（情報処理業務従事者のみ記入）　有・無 Yes / No
Does the applicant have any qualifications for information processing or has he / she passed the certifying examination?
(when the applicant is engaged in information processing)
（資格名又は試験名）
(Name of the qualification or certifying examination) ＿＿＿＿

21 職歴 Employment history

入社 Date of joining the company		退社 Date of leaving the company		勤務先名称 Place of employment	入社 Date of joining the company		退社 Date of leaving the company		勤務先名称 Place of employment
年 Year	月 Month	年 Year	月 Month		年 Year	月 Month	年 Year	月 Month	

22 代理人（法定代理人による申請の場合に記入） Legal representative (in case of legal representative)
(1)氏 名 Name ＿＿＿＿　(2)本人との関係 Relationship with the applicant ＿＿＿＿
(3)住 所 Address ＿＿＿＿
電話番号 Telephone No. ＿＿＿＿　携帯電話番号 Cellular Phone No. ＿＿＿＿

以上の記載内容は事実と相違ありません。 I hereby declare that the statement given above is true and correct.
申請人（法定代理人）の署名／申請書作成年月日 Signature of the applicant (representative) / Date of filling in this form
年 Year　月 Month　日 Day

注意 Attention
申請書作成後申請までに記載内容に変更が生じた場合，申請人（法定代理人）が変更箇所を訂正し，署名すること。
In cases where descriptions have changed after filling in this application form up until submission of this application, the applicant (representative) must correct the part concerned and sign their name.
※ 取次者
Agent or other authorized person
(1)氏 名 Name ＿＿＿＿　(2)住 所 Address ＿＿＿＿
(3)所属機関等（親族等については，本人との関係）　電話番号
…in case of a relative, relationship with the applican Telephone No.

POINT
勤務先の情報を記す。

POINT
学歴や専攻・専門分野、資格などを記す。この内容と業務内容とに一定の関連性があるかどうかがチェックされる。

POINT
それまでに職歴がある場合は、職歴を記す。

いい加減な書類を作ると、
あとで大きな不利益を被ることがあります。
事実を正確に記載しましょう！

在留資格変更許可申請・所属機関等作成用書類のポイント

【1枚目】

所属機関等作成用1　N（「高度専門職（1号イ・ロ）」・「高度専門職（2号）」（変更申請の場合のみ）・「研究」・「技術・人文知識・国際業務」・「介護」・「技能」・「特定活動（研究活動等），（本邦大学卒業者）」）
For organization, part 1 N ("Highly Skilled Professional(i)(a/b)" / "Highly Skilled Professional(ii)" (only in cases of change of status) / "Researcher" / "Engineer / Specialist in Humanities / International Services" / "Nursing Care" / "Skilled Labor"/ "Designated Activities(Researcher or IT engineer of a designated organization), (Graduate from a university in Japan)")
在留期間更新・在留資格変更用 For extension or change of status

1 契約又は招へいしている外国人の氏名及び在留カード番号
Name and residence card of foreign national being offered a contract or invitation
(1)氏 名 Name ＿＿＿＿＿＿　(2)在留カード番号 Residence card number ＿＿＿＿＿＿

2 契約の形態 Type of contract
□ 雇用 Employment　□ 委任 Entrustment　□ 請負 Service contract　□ その他（　　　）Others

3 勤務先 Place of employment
※(5)，(8)及び(9)については，主たる勤務場所について記載すること。
For sub-items (5), (8) and (9) give the address and telephone number of employees of your principal place of employment.
※国・地方公共団体，独立行政法人，公益財団・社団法人その他非営利法人の場合は(6)及び(7)の記載は不要。
In cases of a national or local government, incorporated administrative agency, public interest incorporated association or foundation or some other nonprofit corporation, you are not required to fill in sub-items (6) and (7).

(1)名称 Name ＿＿＿＿＿＿　(2)法人番号（13桁）Corporation no. (combination of 13 numbers and letters) □□□□□□□□□□□□□

(2)支店・事業所名 Name of branch ＿＿＿＿＿＿

(4)事業内容 Type of business
○主たる事業内容を以下から選択して番号を記入（1つのみ）□
Select the main business type from below and write the corresponding number (select only one)
○他に事業内容があれば以下から選択して番号を記入（複数選択可）＿＿＿＿
If there are other business types, select from below and write the corresponding number (multiple answers possible)

製造業 Manufacturing【①食料品 Food products　②繊維工業 Textile industry　③プラスチック製品 Plastic products　④金属製品 Metal products　⑤生産用機械器具 Industrial machinery and equipment　⑥電気機械器具 Electrical machinery and equipment　⑦輸送用機械器具 Transportationmachinery and equipment　⑧その他（　　）Others】

卸売業 Wholesale【⑨各種商品（総合商社等）Various products (general trading company, etc.)　⑩繊維・衣服等 Textile, clothing, etc.　⑪飲食料品 Food and beverages　⑫建築材料，鉱物・金属材料等 Building materials, mineral and metal materials etc.　⑬機械器具 Machinery and equipment　⑭その他（　　）Others】

小売業 Retail【⑮各種商品 Various products　⑯織物・衣服・身の回り品 Fabric, clothing, personal belongings　⑰飲食料品（コンビニエンスストア等）Food and beverages (convenience store, etc.)　⑱機械器具小売業 Machinery and equipment retailing　⑲その他（　　）Others】

学術研究，専門・技術サービス業 Academic research, specialized / technical services
【⑳学術・開発研究機関 Academic research, specialized / technical service industry　㉑専門サービス業（他に分類されないもの）Specialized service industry (not categorized elsewhere)　㉒広告業 Advertising industry　㉓技術サービス業（他に分類されないもの）Technical service industry (not categorized elsewhere)】

医療・福祉業 Medical / welfare services【㉔医療業 Medical industry　㉕保健衛生 Health and hygiene　㉖社会保険・社会福祉・介護事業 Social insurance / social welfare / nursing care】

㉗農林業 Agriculture　㉘漁業 Fishery　㉙鉱業，採石業，砂利採取業 Mining, quarrying, gravel extraction　㉚建設業 Construction　㉛電気・ガス・熱供給・水道業 Electricity, gas, heat supply, water supply
㉜情報通信業 Information and communication industry　㉝運輸・信書便事業 Transportation and correspondence　㉞金融・保険業 Finance / insurance　㉟不動産・物品賃貸業 Real estate / rental goods
㊱宿泊業 Accommodation　㊲飲食サービス業 Food and beverage service industry　㊳生活関連サービス（理容・美容等）・娯楽業 Lifestyle-related services (barber / beauty, etc.) / entertainment industry
㊴学校教育 School education　㊵その他の教育，学習支援業 Other education, learning support industry　㊶職業紹介・労働者派遣業 Employment placement / worker dispatch industry
㊷複合サービス事業（郵便局，農林水産業協同組合，事業協同組合（他に分類されないもの））Combined services (post office, agriculture, forestry and fisheries cooperative association, business cooperative (not categorized elsewhere))
㊸その他の事業サービス業（速記・ワープロ入力・複写業，建物サービス業，警備業等）Other business services (shorthand / word processing / copying, building services, security business, etc.)
㊹その他のサービス業（　　）Other service industries　㊺宗教 Religion　㊻公務（他に分類されないもの）Public service (not categorized elsewhere)
㊼分類不能の産業（　　）Unclassifiable industry

(5)所在地 Address ＿＿＿＿＿＿　電話番号 Telephone No. ＿＿＿＿＿＿
(6)資本金 Capital ＿＿＿＿ 円 Yen　(7)年間売上高（直近年度）Annual sales (latest year) ＿＿＿＿ 円 Yen

POINT
契約する外国人の情報と契約の形態を記す。

POINT
勤務先となる企業の名称や法人番号を記入。派遣する場合でも、あくまで派遣元を記す。

POINT
事業内容の番号を記入する。

POINT
資本金、年間売上高（直近年度）、従業員数や外国人職員数を記入。会社の規模は審査の判断材料になる。

所属機関等（雇用者・企業）が作成する申請書類。事業内容や資本金、売上高、職務内容などを記載する。申請人を採用後に、別の会社に派遣する場合は、派遣先の勤務地や事業内容等も必要となる。

【２枚目】

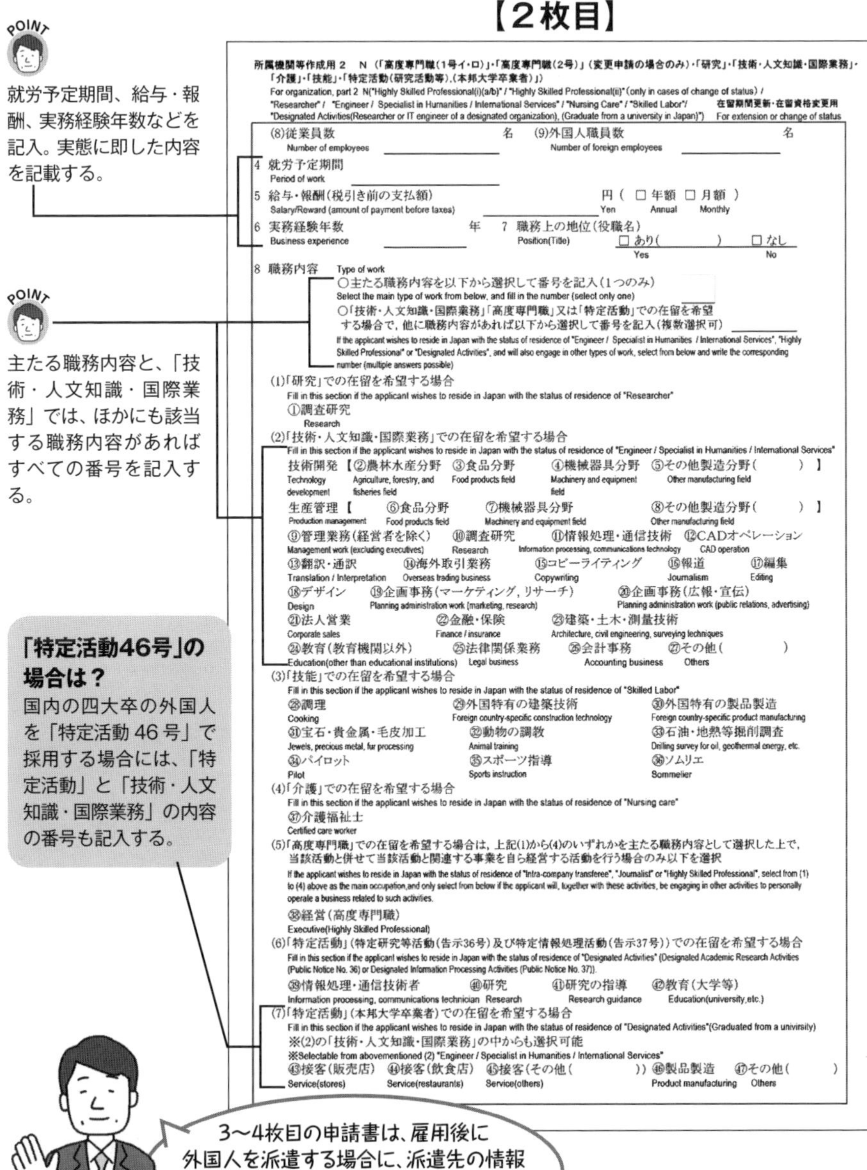

所属機関等作成用 2　N（「高度専門職（1号イ・ロ）」・「高度専門職（2号）」（変更申請の場合のみ）・「研究」・「技術・人文知識・国際業務」・「介護」・「技能」・「特定活動（研究活動等）,（本邦大学卒業者）」）
For organization, part 2 N("Highly Skilled Professional(i)(a/b)" / "Highly Skilled Professional(ii)" (only in cases of change of status) / "Researcher" / "Engineer / Specialist in Humanities / International Services" / "Nursing Care" / "Skilled Labor"/ "Designated Activities(Researcher or IT engineer of a designated organization), (Graduate from a university in Japan)")
在留期間更新・在留資格変更用
For extension or change of status

(8)従業員数 Number of employees ＿＿＿ 名　(9)外国人職員数 Number of foreign employees ＿＿＿ 名

4 就労予定期間 Period of work ＿＿＿

5 給与・報酬（税引き前の支払額） Salary/Reward (amount of payment before taxes) ＿＿＿ 円 Yen（ □ 年額 Annual　□ 月額 Monthly ）

6 実務経験年数 Business experience ＿＿＿ 年　7 職務上の地位（役職名） Position(Title)　□ あり（　　　） Yes　□ なし No

8 職務内容 Type of work

○主たる職務内容を以下から選択して番号を記入（1つのみ）
Select the main type of work from below, and fill in the number (select only one)

○「技術・人文知識・国際業務」「高度専門職」又は「特定活動」での在留を希望する場合で，他に職務内容があれば以下から選択して番号を記入（複数選択可）
If the applicant wishes to reside in Japan with the status of residence of "Engineer / Specialist in Humanities / International Services", "Highly Skilled Professional" or "Designated Activities", and will also engage in other types of work, select from below and write the corresponding number (multiple answers possible)

(1)「研究」での在留を希望する場合
Fill in this section if the applicant wishes to reside in Japan with the status of residence of "Researcher"
①調査研究 Research

(2)「技術・人文知識・国際業務」での在留を希望する場合
Fill in this section if the applicant wishes to reside in Japan with the status of residence of "Engineer / Specialist in Humanities / International Services"
技術開発 Technology development【②農林水産分野 Agriculture, forestry, and fisheries field　③食品分野 Food products field　④機械器具分野 Machinery and equipment field　⑤その他製造分野（　　） Other manufacturing field】
生産管理 Production management【⑥食品分野 Food products field　⑦機械器具分野 Machinery and equipment field　⑧その他製造分野（　　） Other manufacturing field】
⑨管理業務（経営者を除く） Management work (excluding executives)　⑩調査研究 Research　⑪情報処理・通信技術 Information processing, communications technology　⑫CADオペレーション CAD operation
⑬翻訳・通訳 Translation / Interpretation　⑭海外取引業務 Overseas trading business　⑮コピーライティング Copywriting　⑯報道 Journalism　⑰編集 Editing
⑱デザイン Design　⑲企画事務（マーケティング，リサーチ） Planning administration work (marketing, research)　⑳企画事務（広報・宣伝） Planning administration work (public relations, advertising)
㉑法人営業 Corporate sales　㉒金融・保険 Finance / insurance　㉓建築・土木・測量技術 Architecture, civil engineering, surveying techniques
㉔教育（教育機関以外） Education(other than educational institutions)　㉕法律関係業務 Legal business　㉖会計事務 Accounting business　㉗その他（　　） Others

(3)「技能」での在留を希望する場合
Fill in this section if the applicant wishes to reside in Japan with the status of residence of "Skilled Labor"
㉘調理 Cooking　㉙外国特有の建築技術 Foreign country-specific construction technology　㉚外国特有の製品製造 Foreign country-specific product manufacturing
㉛宝石・貴金属・毛皮加工 Jewels, precious metal, fur processing　㉜動物の調教 Animal training　㉝石油・地熱等掘削調査 Drilling survey for oil, geothermal energy, etc.
㉞パイロット Pilot　㉟スポーツ指導 Sports instruction　㊱ソムリエ Sommelier

(4)「介護」での在留を希望する場合
Fill in this section if the applicant wishes to reside in Japan with the status of residence of "Nursing care"
㊲介護福祉士 Certified care worker

(5)「高度専門職」での在留を希望する場合は，上記(1)から(4)のいずれかを主たる職務内容として選択した上で，当該活動と併せて当該活動と関連する事業を自ら経営する活動を行う場合のみ以下を選択
If the applicant wishes to reside in Japan with the status of residence of "Intra-company transferee", "Journalist" or "Highly Skilled Professional", select from (1) to (4) above as the main occupation,and only select from below if the applicant will, together with these activities, be engaging in other activities to personally operate a business related to such activities.
㊳経営（高度専門職） Executive(Highly Skilled Professional)

(6)「特定活動」（特定研究等活動（告示36号）及び特定情報処理活動（告示37号））での在留を希望する場合
Fill in this section if the applicant wishes to reside in Japan with the status of residence of "Designated Activities" (Designated Academic Research Activities (Public Notice No. 36) or Designated Information Processing Activities (Public Notice No. 37)).
㊴情報処理・通信技術者 Information processing, communications technician　㊵研究 Research　㊶研究の指導 Research guidance　㊷教育（大学等） Education(university,etc.)

(7)「特定活動」（本邦大学卒業者）での在留を希望する場合
Fill in this section if the applicant wishes to reside in Japan with the status of residence of "Designated Activities"(Graduated from a univirsity)
※(2)の「技術・人文知識・国際業務」の中からも選択可能
※Selectable from abovementioned (2) "Engineer / Specialist in Humanities / International Services"
㊸接客（販売店） Service(stores)　㊹接客（飲食店） Service(restaurants)　㊺接客（その他（　　）） Service(others)　㊻製品製造 Product manufacturing　㊼その他（　　） Others

POINT

就労予定期間、給与・報酬、実務経験年数などを記入。実態に即した内容を記載する。

POINT

主たる職務内容と、「技術・人文知識・国際業務」では、ほかにも該当する職務内容があればすべての番号を記入する。

「特定活動46号」の場合は？

国内の四大卒の外国人を「特定活動46号」で採用する場合には、「特定活動」と「技術・人文知識・国際業務」の内容の番号も記入する。

3〜4枚目の申請書は、雇用後に外国人を派遣する場合に、派遣先の情報（名称、事業内容、所在地などの詳細）を記入するためのものです

申請時に必要となる所属機関ごとの追加資料

日本で発行される証明書は発行日から3ヵ月以内のものを提出

カテゴリー２	カテゴリー１
前年分の給与所得の源泉徴収票等の法定調書合計表中、給与所得の源泉徴収票合計表の源泉徴収税額が１０００万円以上ある団体・個人	(1) 日本の証券取引所に上場している企業 (2) 保険業を営む相互会社 (3) 日本又は外国の国・地方公共団体 (4) 独立行政法人　(5) 特殊法人・認可法人 (6) 日本の国・地方公共団体認可の公益法人 (7) 法人税法別表第１に掲げる公共法人 (8) イノベーション創出企業 (9) 一定の条件を満たす中小企業等
↓	↓
□前年分の職員の給与所得の源泉徴収票等の法定調書合計表（税務署の受付印のあるものの写し）	□上場企業等は、四季報の写し又は日本の証券取引所に上場していることを証明する文書（写し） □特殊法人などは主務官庁から設立の許可を受けたことを証明する文書（写し）
●法定調書合計表とは 「給与所得の源泉徴収票」「退職所得の源泉徴収票」「報酬、料金、契約金及び賞金の支払調書」「不動産の使用料等の支払調書」「不動産等の譲受けの対価の支払調書」「不動産等の売買又は貸付けのあっせん手数料の支払調書」を集計してまとめ、税務署に届出たもの。	

カテゴリー１＆２はその他の資料は原則不要

さまざまな条件を加え、より外国人雇用を促進

2020年1月より、カテゴリー１の条件が増え（8、9）、対象となる中小企業数が増えた。未来に希望のある優良な中小企業が、よりよい外国人材を雇用できるよう、今後も制度に改定が加えられていくことが予測される。

対象となる中小企業について

(8)イノベーション創出企業（イノベーションの創出に寄与する企業）
URL　http://www.immi-moj.go.jp/newimmiact_3/pdf/r01_07_tokubetsu-kasan.pdf
(9)一定の条件を満たす中小企業等
- ●ユースエール認定企業（若者の雇用促進を促す企業）
- ●くるみん認定企業、プラチナくるみん認定企業（子育てサポートを促す企業）
- ●えるぼし認定企業、プラチナえるぼし認定企業（女性の活躍を促す企業）
- ●安全衛生優良企業
- ●職業紹介優良事業者
- ●製造請負優良適正事業者
- ●優良派遣事業者
- ●健康経営優良法人
- ●地域未来牽引企業
- ●空港管理規則上の第一類構内営業者又は 第二類構内営業者
- ●内部通報制度認証（自己適合宣言登録制度）登録事業者

外国人を雇用していけるだけの規模、事業経営の安定性、継続性があるかどうかで所属機関（雇用する企業）を１～４のカテゴリーに区分。カテゴリーごとに求められる資料が異なる。規模が小さく、安定性、継続性が低い場合、提出書類が増える。

カテゴリー４	カテゴリー３
カテゴリー１～３のいずれにも該当しない団体・個人	前年分の職員の給与所得の源泉徴収票等の法定調書合計表が提出された団体・個人（カテゴリー２を除く）

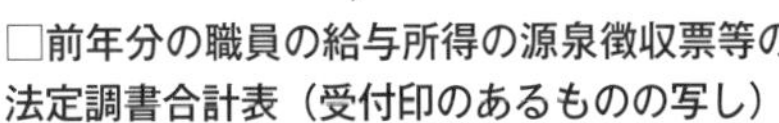

□前年分の職員の給与所得の源泉徴収票等の法定調書合計表（受付印のあるものの写し）

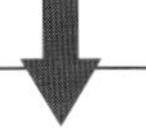

カテゴリー３、４は以下の資料を提出する。

□労働条件を明示する文書
□申請人の学歴及び職歴その他経歴等を証明する文書
□登記事項証明書、事業内容を明らかにする資料（会社案内等）

提出資料には
誰にいくら支払ったか
などの経営上重要な社外秘情報が
含まれます。そのため、手続きを
申請人本人ではなく、取次者
（雇用機関職員、行政書士等）が行う
ケースもあります（P108）

カテゴリー４	カテゴリー３
カテゴリー４はさらに以下の資料を提出する。 **□直近の年度の決算文書の写し。新規事業の場合は事業計画書** **□前年分の職員の給与所得の源泉徴収票等の法定調書合計表を提出できない理由を明らかにする次のいずれかの資料** (1) 源泉徴収の免除を受ける機関の場合 外国法人の源泉徴収に対する免除証明書、その他の源泉徴収を要しないことを明らかにする資料 (2) 上記 (1) を除く機関の場合 ア　給与支払事務所等の開設届出書の写し イ　次のいずれかの資料 ・直近３ヵ月分の給与所得 ・退職所得等の所得税徴収高計算書（領収日付印のあるものの写し） ・納期の特例を受けている場合は、その承認を受けていることを明らかにする資料	カテゴリー３はさらに以下の資料を提出する。 **□直近の年度の決算文書の写し**

Q 雇用理由書も提出すべき？

雇用理由書とは、雇用の理由と具体的な業務内容を説明する資料。法令で義務づけられているものではないが、審査の際に確認が必要となった場合、追加提出を求められることがある。あらかじめ用意し、申請時に提出しておくほうがスムーズな審査につながる。

➡P104

雇用理由書のポイント

2020年○月×日

○○出入国在留管理局 御中

東京都台東区○○○○1－2－3
株式会社グローバル○○
代表取締役○○△△ ㊞

雇用理由書

申請人 :○○△□(女)
国籍 :ベトナム
生年月日:19○○年○月○日

上記の者を、当社の在留資格「技術・人文知識・国際業務」の業務に従事するために採用いたします。ご審議のうえ、「技術・人文知識・国際業務」のご許可を賜りますようよろしくお願い申し上げます。

1. 当社の概要

当社は平成○○年△月に設立した○○○会社であり、資本金○○○○万円、昨年売上高は○○○○万円です。

主な業務は、［事業内容］で、現在は中国に向けて展開しています。主な取引先は、○○○、○○○、○○○などです。

当社は設立以来、［主たる事業内容］等で売上を伸ばしています。近年は、［近年力を入れている事業］等を手掛けています。これまでの取引関係やノウハウをベースに、今後は中国だけでなく東南アジア全般に業務拡大を目指しています。

2. ○○△□氏を採用する必要性

当社は、現在○○○○との折衝業務等(中国企業及び市場のリサーチや商談など)の対応を○△部の○×○×氏が対応しています。

しかし、これから東南アジア(とくにベトナム)に事業を展開するにあたり、○×○×氏をサポートする人材が必要になりました。

提出先の地方出入国在留管理局に宛てる。

POINT

申請人（外国人）の氏名や国籍、生年月日を記し、在留資格変更についての依頼を述べる。

会社概要を記す。設立年月日、資本金、売上高、業務内容など。事業の詳細についても、設立以来主たる事業だけでなく、近年、また今後の展開についても述べる。

業務の課題や取引実績などから、なぜこの申請人を雇用する必要があるかについて述べる。

雇用理由書（P103）は、審査時にプラスに働くよう、申請人がいかに雇用する企業にとって必要なのかを述べる。書式に決まりはないが、企業の概要から雇用の必要性、人物評、今後のサポート体制まで項目に分け、わかりやすく記す。

採用の経緯について。応募人数や選考内容等を示すことで、選抜された人材だということを伝えられる。

POINT

申請人の学歴や職歴、語学力や業務に関する能力について。「技術・人文知識・国際業務」では、大学などでの専攻と、就業内容の関連性が求められる。

申請人の就業予定について。研修があり、その内容が本来の業務内容とは異なる場合は、後に誤解を招かないように、詳細を記しておく。

申請人をどう育成していくのか、将来のビジョンを示す。

これらの業務を円滑に遂行するためには、ベトナム語及び日本語が堪能で、マーケティング等の知識があり、ベトナムの商習慣や市場動向の知識及び情報収集能力をもつ人材が必要となります。

今年9月頃より新卒人材の募集を行いました。合計〇〇名の応募があり、筆記試験、面接試験、最終面接を行い、〇〇△□氏を採用することになりました。雇用条件を提示し、両者合意に至りました。

3. 〇〇△□氏の経歴・評価

〇〇△□氏は、20××年3月に日本の〇△△大学商学部〇〇学科を卒業予定です。日本語能力試験1級を取得しています。昨年11月に当社のインターンシップに〇日間参加し、当社の業務内容、職場の雰囲気もよく理解しています。

筆記試験、面接試験を通じて、〇〇△□氏の日本語能力に問題はありません。

また、意思が強く、自分の意見をはっきり伝えることができ、意見の異なる人とのコミュニケーション能力も申し分ありません。

4. 〇〇△□氏の就業予定業務について

入社後は、3ヵ月間ほど［研修の詳細］の研修を受けてもらいます。

その後は、当社と海外の取引先企業との連絡業務、東南アジア市場のリサーチ業務等を担当してもらいます。

〇〇△□氏の能力をもってすれば、将来当社の中核的人材に成長してくれることも期待できます。入社後は、全社あげて〇〇△□氏をサポートし、育成していく所存です。

以上の次第です。

つきましては、御庁におかれましては当社の諸事情ご理解のうえ、申請人〇〇△□氏の在留資格「留学」から「技術・人文知識・国際業務」への変更申請を賜りますよう、何卒よろしくお願い申し上げます。

審査において、もっぱら
学術的知識が背景に必要かどうかが
厳しく問われます。
また日本の専門学校卒業者においては、
学んだ内容と業務内容との関連性の
説明も重要となります

特定活動46号への資格変更は学歴や日本語能力を証明するものを提出

特定活動46号は、日本の四大以上卒、高い日本語能力が条件で、「日本語を用いた円滑な意思疎通を要する業務」が対象。日本語能力や専攻分野を活用する業務、通訳を兼ねた接客、外国人従業員を指示しながらの生産ライン作業などです。

書類は技人国と同じですが、卒業証書（在学中なら卒業見込証明書）や日本語能力がN1以上であることを証明する書類の写しなどが必要です。

資格変更に必要な書類等

「特定活動 46 号」への資格変更時も技術・人文知識・国際業務と同じ流れ（P96）。以下が必要となる書類（転職による資格変更時は学歴と日本語能力の証明は不要）。

雇用機関（企業）が作成

- □在留資格変更許可申請書（所属機関等作成用）
  技術・人文知識・国際業務と同じ
- □申請人の活動内容等を明らかにする資料（労働条件通知書の写し）
- □雇用理由書
- □事業内容を明らかにする資料（会社案内、ホームページの写し、登記事項証明書等）

申請人（外国人）が作成

- □在留資格変更許可申請書（申請人等作成用）
  技術・人文知識・国際業務と同じ
- □証明写真
- □パスポート及び在留カード
- □学歴を証明する文書（学位を確認できる卒業証書などの写し）
- □日本語能力を証明する文書

特定活動13（本邦大学卒業者としての活動を希望する場合）
URL　http://www.moj.go.jp/nyuukokukanri/kouhou/nyuukokukanri07_00208.html
留学生の就職支援に係る「特定活動」（本邦大学卒業者）についてのガイドライン
URL　http://www.moj.go.jp/content/001314476.pdf

技術・人文知識・国際業務 特定活動46号 の

在留期間更新許可申請

就労中に在留期間の更新のタイミングが訪れたら、以下の書類を用意し、在留期間の更新手続きを行う（3ヵ月前から更新手続き可）。

技術・人文知識・国際業務の場合

- □在留期間更新許可申請書
- □証明写真
- □パスポート及び在留カード
- □申請人の住民税の課税（又は非課税）証明書及び納税証明書（1年間の総所得及び納税状況が記載されたもの）

特定活動46号の場合

- □在留期間更新許可申請書
- □証明写真
- □パスポート及び在留カード
- □所属する機関の区分（P102）を証明する書類
- □（カテゴリー3、4の場合・P103）住民税の課税（又は非課税）証明書及び納税証明書（1年間の総所得及び納税状況が記載されたもの）

特定活動46号は、
雇用する企業とセットで
認められます。そのため転職する
場合は、「届出」ではなく、
必ず「変更」の手続きが必要です
（技人国は届出のみ）

更新後も同じ内容で活動することを証明すればよいだけなので、在留資格の変更に比べて、用意する書類の数も少なく、比較的簡単です。

更新の際には、1年間の所得や納税状況を証明する書類が必要です。

もし、採用した外国人が前年の1月1日時点で日本に居住地を有していなかったために証明書の発給を受けられないときは、雇用者から交付済みの給与所得の源泉徴収票又は毎月の給料明細等を提出してください。

●就労ビザの申請4

申請取次行政書士、弁護士なら、書類作成から提出&出頭まで一任できる

すべて代行できる

申請取次行政書士、弁護士は、雇用機関と申請者双方の書類作成、申請者の居住地を管理する地方出入国在留管理局への書類提出、許可時の手続きまですべて代行できる。

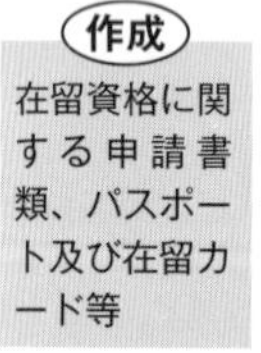

ただし一般の行政書士では、書類作成のみで、地方出入国在留管理局での手続きはできない。

申請取次行政書士 OR 弁護士

在留資格の申請は、自社でもできますが、手間を省きたいときや、業務内容が特殊で立証が困難な場合などは、行政書士や弁護士に依頼したほうがいいでしょう。また、申請書類には企業の重要事項が記されています。申請時に本人に託して持参させなくてはならないため、専門家に一任したほうが安心という面もあります。

行政書士も弁護士もたくさんいますが、依頼するときは外国人雇用の事案を数多く扱っている申請

※不許可のときは、本人が出頭しなければならない。

よい申請取次行政書士の探し方

在留資格の申請に特化した申請取次行政書士が安心。書類作成に当たり、丁寧にヒアリングし、調査を行っているか、仕事の流れや報酬の額なども確かめて依頼する。

□出張費を除き、15万円程度で対応する

一般的な報酬額は、下表が目安。相場より高すぎる業者は虚偽申請などを扱っている可能性も。逆に安すぎる場合、経験が少なく、煩雑さを理解していなかったり、自分の事務所で手がけず、よそに依頼していたりする場合もある。

在留資格の変更、在留資格の認定	15万円程度
在留資格の更新	5万円程度

□外国人の就労ビザ申請専門で実績がある

HPなどで、外国人対象の就労の在留資格（就労ビザ）の申請専門の事務所であることを確認。一般的な業務内容だけでなく、法令通達などの詳細な情報が提供されているか、随時情報が更新されているか、実績数などもチェックする。

□本人や現場を確認し、調査したうえで書類を作る

外国人の就労ビザに関する書類作成には、本人確認、現場確認などの調査徹底が基本。これらをおろそかにしている行政書士も多い。自ら足を運んで職場を確認し、外国人本人と会ってきちんと話を聞いてくれる人に依頼するのがベスト。

□外国人目線で外国人と対話できる

日本で働く外国人目線で考え、外国人の立場で本人と対話できる能力も欠かせない。上から目線で一方的に話したり、親身に相談に乗ってくれない人は避ける。

取次行政書士か弁護士に依頼します。申請取次行政書士とは、必要な講習等を受けて資格を得た行政書士で、この資格をもつ行政書士だけが申請から出頭まですべて請負うことができます。資格がない一般の行政書士の場合、書類を作成することまでしかできないため、注意してください。

豆知識

不許可の際の返金はケースバイケース

行政書士に依頼した場合、まず着手金として半額を支払い、残りの半額を申請直前までに支払うパターンが多いようです。

申請後に不許可になったときの返金の有無や返金額については、事業者によって異なるので、契約をする前に必ず確認しておきましょう。

●技術・人文知識・国際業務の審査のポイント

大学等で修めた学問との関連が問われる。専門学校卒ではより厳しく審査される

「技人国」の審査では、大卒（短大以上）より専門学校卒のほうが、就労内容との関連性が厳密に問われます。学校教育法において、専門学校は職務・生活技能を、大学は専攻の能力とともに応用的能力を伸ばす場だと考えられているためです。

また、就労内容には学術的知識が背景にあることが必要です。そのためくり返せば習得できる単純労働は認められません。

不明点は地方出入国在留管理局

学歴別修学＆就労内容の関連性

在留資格の審査の際、大学、短大、専門学校ごとに修学内容と就労内容に求める関連性の程度が異なる。専門学校のほうが関連性を厳密に審査される。

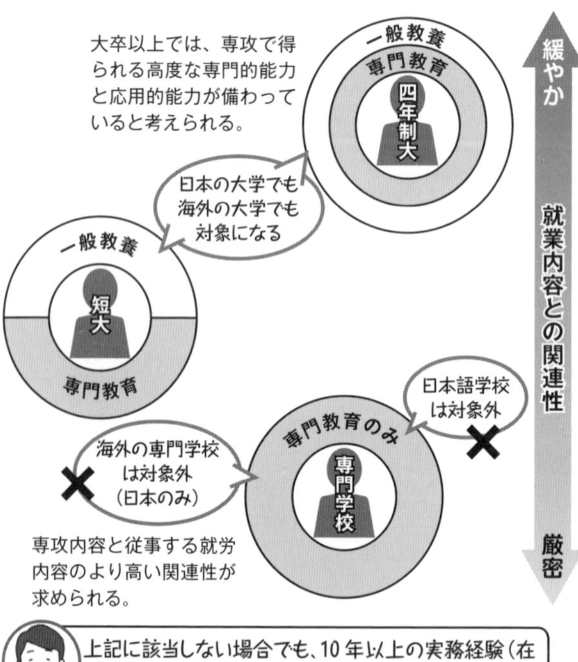

緩やか
就業内容との関連性
厳密
大卒以上では、専攻で得られる高度な専門的能力と応用的能力が備わっていると考えられる。
一般教養
専門教育
四年制大
日本の大学でも海外の大学でも対象になる
一般教養
短大
専門教育
日本語学校は対象外
専門教育のみ
専門学校
海外の専門学校は対象外（日本のみ）
専攻内容と従事する就労内容のより高い関連性が求められる。
上記に該当しない場合でも、10年以上の実務経験（在学期間も含む）があれば許可されることがあります。

又は専門の行政書士等が相談に応じてくれます。

入管法では「すべての立証責任は申請する外国人側にある」が原則。申請に不備・不明点があっても説明を求められることはなく、却下されることが多くあります。書類は明確に記載してください。

単純労働が含まれると在留資格は下りない

技人国の申請許可が下りない代表的な理由のひとつは、就労内容に「単純労働」が含まれると判断されること。大学等で学んだ知識・技術、語学力をいかせる仕事でなければならない。

✖工場でのライン作業

✖建設・土木現場作業

単純労働
（同じ作業をくり返すことで熟達する種類の仕事）

✖コンビニや飲食店での接客

✖物流・倉庫内での作業

迷ったときは、地方出入国在留管理局に気軽に問い合わせてみましょう。丁寧に教えてくれますよ！

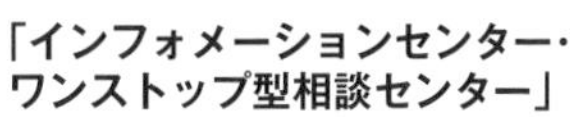

「インフォメーションセンター・ワンストップ型相談センター」
URL　http://www.immi-moj.go.jp/info/

資格取得許可／不許可の主なケース

●CASE

四年制大工学部を卒業後、電子機器の技術開発に従事

許可

修学内容と就労内容に
関連性があり、月収も日本人と
同等なので許可

○○理工大学工学部を卒業し、電子機器の部品メーカーに勤めることになり、月額 24 万円の報酬で雇用契約を交わした。入社後は、技術開発業務に従事する予定。

ここに注目!

学校：四年制大学
専攻：工学
月給：24万円
内容：技術開発

●CASE

短大文学部を卒業後、工場で製品の箱詰め作業

不許可

就労内容は工場の
ライン作業。単純労働と
みなされるため不許可

○○短期大学文学部を卒業後に、月額 17 万円の契約で、化粧品メーカーに入社予定。就労内容は、化粧品工場でのクリームや口紅などの箱詰め作業。

ここに注目!

学校：短期大学
専攻：文学部
月給：17万円
内容：工場のライン業務

NG

基本的に就学内容が「技術・人文知識・国際業務」と関連するかどうかが見られる。また給与が日本人と同等に支払われるか、申請される就労内容が実際に存在するかどうかも判断のポイントになる。

許可

四年制大経済学部卒業後、翻訳・通訳の業務に従事

○×大学経済学部を卒業した後、コスメ関連のECサイトを運営する会社に入社。月額20万円の報酬を受け、翻訳・通訳に関する業務に従事する予定。

ここに注目!

学校：四年制大学
専攻：経済学
月給：20万円
内容：翻訳・通訳

四年制大卒では
専攻知識＋応用的学力も
評価される。語学力と教養を
いかせる就労内容と
判断し、許可

●CASE

不許可

インテリアデザインの専門士で翻訳・通訳の業務に従事

デザイン専門学校のインテリアデザイン科を卒業し、専門士の称号を取得。IT関連サービスの企業と月額20万円の報酬で契約。主な業務内容は翻訳・通訳、相談対応。

ここに注目!

学校：専門学校
専攻：インテリアデザイン
月給：20万円
内容：翻訳・通訳

インテリアデザインの専門士。
修学内容と就労内容の関連性
がないため、不許可

●CASE

工業デザインの専門士で、メガネ職人の指揮・監督

専門学校の工業デザイン科で専門士の称号を取得。メガネメーカーと月額22万円の報酬で契約。フレームの製図作成、製造する外国人従業員の指揮・監督に従事する予定。

ここに注目!

学校:専門学校
専攻:工業デザイン
月給:22万円
内容:製図作成、現場の指揮・監督

現場の単純労働に従事する場合は不可だが、指揮・監督なので許可

●CASE

同種の仕事に就く日本人の月給以下で就労

専門学校ITライセンス科で専門士の称号を付与された。卒業後、IT関連サービス会社に月額13万円の報酬で契約。エンジニア業務を受持する予定。

ここに注目!

大学:専門学校
専攻:ITライセンス
月給:13万円◀NG
内容:エンジニア業務

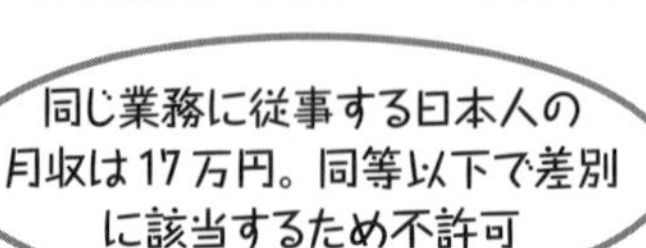

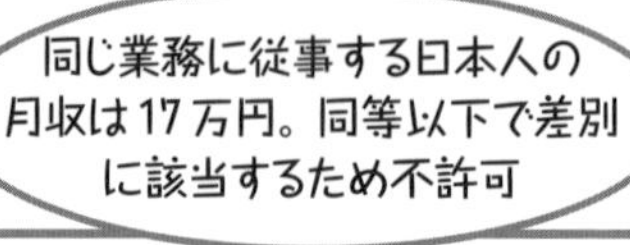

同じ業務に従事する日本人の月収は17万円。同等以下で差別に該当するため不許可

●CASE

短大服飾学科卒業後、1年間店舗で接客等のＯＪＴ

△△短期大学服飾学科を卒業後、アパレルブランドを経営する会社に月額18万円の報酬で契約。入社後１年間は実店舗での接客のＯＪＴ。その後、本社業務にあたる予定。

ここに注目!

学校：短期大学
専攻：服飾
月給：18万円
内容：１年間接客のＯＪＴ

入社当初の短期 OJT での
接客は認められるが、在留期間の
大半を占めるため不許可

●CASE

情報処理科の専門士が従業員数７名の情報管理業務

専門学校の情報処理科で専門士を取得後、料理店経営会社と月額22万円で契約。会社の労務、会計、顧客等の情報管理が主な業務。ただ従業員は7名しかいない。

ここに注目!

学校：専門学校
専攻：情報処理
月給：22万円
内容：労務、会計、顧客等の情報管理

会社の規模（7名）に
対し、じゅうぶんな仕事がないと
判断され、不許可。
立証不足ですね

雇入れの際にハローワークに届け出ないと30万円以下の罰金

外国人の雇入れ・離職時はハローワークへの届出が義務化されており、怠ると30万円以下の罰金が科せられます。対象は、在留資格「外交」「公用」及び活動制限がない「特別永住者」以外の外国人。アルバイトにも適用されます。

雇用保険の被保険者とならない外国人は、雇用状況届出書を提出。雇用保険の被保険者の場合は、雇用保険被保険者資格取得届で代用できます。ハローワークのインターネットサービスも利用できます。

保険者ではない（アルバイト等）場合

被保険者ではない（アルバイト等）場合は、「外国人雇用状況届出書（様式第３号）」に記入し、勤務する事業施設の住所を管轄するハローワークに、雇用契約を交わした翌月末日までに提出する。

外国人雇用状況届出書（様式第３号）

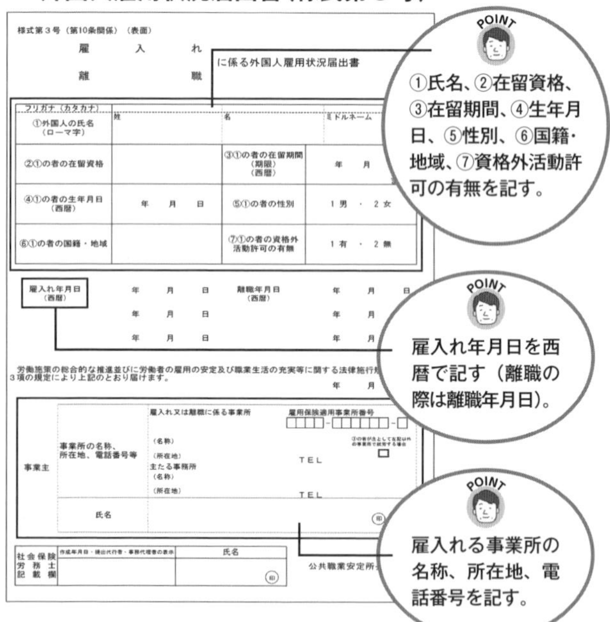
様式第３号（第10条関係）（表面）

雇入れ／離職　に係る外国人雇用状況届出書

フリガナ（カタカナ） ①外国人の氏名（ローマ字）	姓	名	ミドルネーム
②①の者の在留資格		③①の者の在留期間（期限）（西暦）	年　月　日
④①の者の生年月日（西暦）	年　月　日	⑤①の者の性別	１男・２女
⑥①の者の国籍・地域		⑦①の者の資格外活動許可の有無	１有・２無

雇入れ年月日（西暦）	年　月　日	離職年月日（西暦）	年　月　日
	年　月　日		年　月
	年　月　日		年　月

労働施策の総合的な推進並びに労働者の雇用の安定及び職業生活の充実等に関する法律施行規…３項の規定により上記のとおり届けます。

年　月

事業主	事業所の名称、所在地、電話番号等	雇入れ又は離職に係る事業所 （名称） （所在地）　TEL 主たる事務所 （名称） （所在地）　TEL	雇用保険適用事業所番号 □□□□-□□□□□□-□
	氏名	㊞	

社会保険労務士記載欄	作成年月日・提出代行者・事務代理者の表示	氏名
		㊞

公共職業安定所…

POINT
①氏名、②在留資格、③在留期間、④生年月日、⑤性別、⑥国籍・地域、⑦資格外活動許可の有無を記す。
POINT
雇入れ年月日を西暦で記す（離職の際は離職年月日）。
POINT
雇入れる事業所の名称、所在地、電話番号を記す。

保険者(正社員等)の場合

被保険者となる外国人の場合は「雇用保険被保険者資格取得届」の 17 ～ 22 の欄に記入することで届出を行ったことになる。事業施設を管轄するハローワークに、被保険者となった翌月 10 日までに提出する。

雇用保険被保険者資格取得届

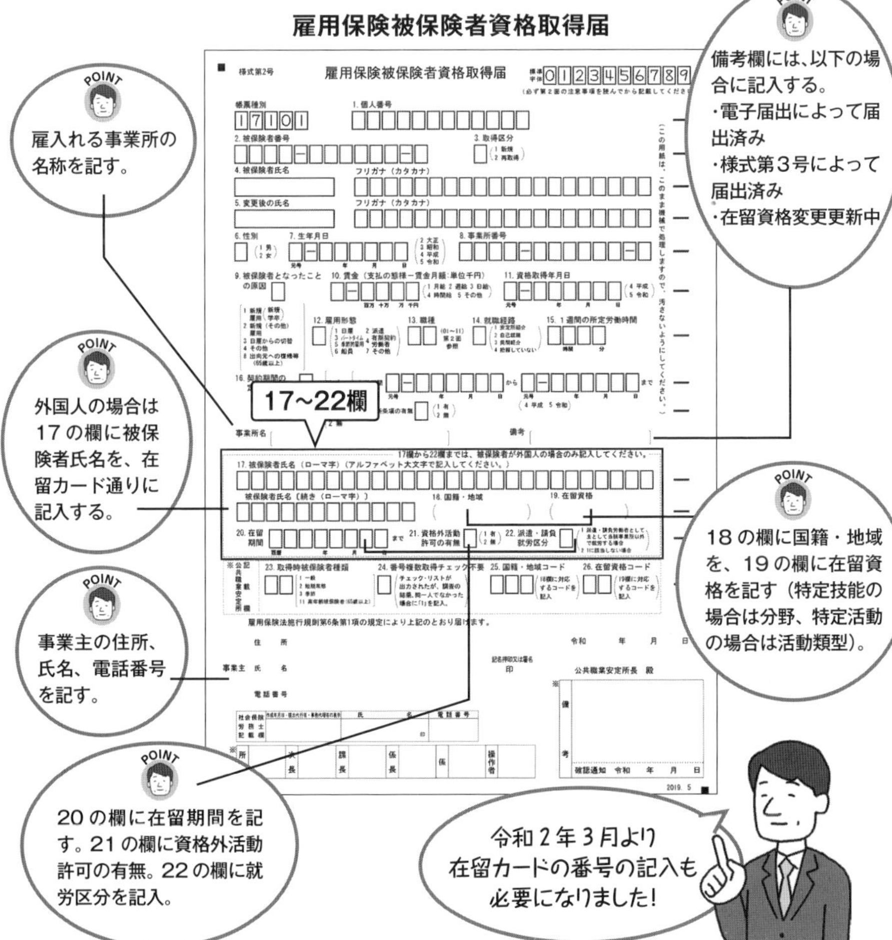

POINT
雇入れる事業所の名称を記す。
POINT
外国人の場合は17の欄に被保険者氏名を、在留カード通りに記入する。
POINT
事業主の住所、氏名、電話番号を記す。
POINT
20の欄に在留期間を記す。21の欄に資格外活動許可の有無。22の欄に就労区分を記入。
POINT
備考欄には、以下の場合に記入する。
・電子届出によって届出済み
・様式第3号によって届出済み
・在留資格変更更新中
POINT
18の欄に国籍・地域を、19の欄に在留資格を記す（特定技能の場合は分野、特定活動の場合は活動類型）。
17～22欄
令和2年3月より
在留カードの番号の記入も
必要になりました!

様式第2号　雇用保険被保険者資格取得届　標準字体 0123456789

帳票種別 17101　1. 個人番号
2. 被保険者番号　3. 取得区分（1 新規　2 再取得）
4. 被保険者氏名　フリガナ（カタカナ）
5. 変更後の氏名　フリガナ（カタカナ）
6. 性別（1 男　2 女）　7. 生年月日　8. 事業所番号
9. 被保険者となったことの原因　10. 賃金（支払の態様－賃金月額：単位千円）　11. 資格取得年月日
12. 雇用形態　13. 職種　14. 就職経路　15. 1週間の所定労働時間
16. 契約期間の定め
事業所名　備考
17欄から22欄までは、被保険者が外国人の場合のみ記入してください。
17. 被保険者氏名（ローマ字）（アルファベット大文字で記入してください。）
被保険者氏名〔続き（ローマ字）〕　18. 国籍・地域　19. 在留資格
20. 在留期間　21. 資格外活動許可の有無（1 有　2 無）　22. 派遣・請負就労区分
23. 取得時被保険者種類　24. 番号複数取得チェック不要　25. 国籍・地域コード　26. 在留資格コード
雇用保険法施行規則第6条第1項の規定により上記のとおり届けます。
住所　事業主 氏名　電話番号　令和 年 月 日　公共職業安定所長 殿
社会保険労務士記載欄
確認通知 令和 年 月 日　2019. 5

「外国人雇用状況の届出」は、全ての事業主の義務であり、外国人の雇入れの場合はもちろん、離職の際にも必要です！（厚生労働省HP）
URL　https://www.mhlw.go.jp/stf/seisakunitsuite/bunya/koyou_roudou/koyou/gaikokujin/todokede/index.html

外国人雇用状況届出システム
URL　https://gaikokujin.hellowork.mhlw.go.jp/report/001010.do?action=initDisp&screenId=001010

●雇用者（企業）側の義務

労働基準法、健康保険法なども すべて日本人と同等に適用される

国は、外国人労働者が職場に適応し、能力を有効に発揮できるようにするため、雇用管理に関する指針を示しています。

主なポイントは、次のような点です。

まず、外国人の募集・採用は在留資格の範囲内で行い、雇入れ時には、本人が理解できるような書面で明示する必要があります。

また、国籍にかかわらず、労働法は日本人と同等に適用されます。最低賃金遵守や正規・非正規社員

外国人労働者の雇用管理の指針

●外国人労働者の募集及び採用の適正化

・従事する業務内容や労働条件について、またそれらの変更については、**本人が理解できる方法で作られた書面で明示**する
・採用では在留資格の範囲を守る　　など

●適正な労働条件の確保

・**最低賃金額以上の賃金を払う**とともに、基本給、割増賃金等の賃金を全額支払う
・正社員と非正社員との**不合理な待遇差や差別的扱いの禁止**
・通常の労働者との待遇相違の内容・理由について、求められたら説明する　　など

●安全衛生の確保

・労働災害を防ぐため、日本語教育等の実施
・標識、掲示等を本人が理解できるようにする
・**健康診断、面接指導を実施**する
・女性に対し、産前産後休業や妊娠中・前後の健康管理に関する措置を講ずる　　など

●労働・社会保険の適用等

・保険制度について、外国人について理解できる方法で周知に努め、適用手続きを行う
・病気や障害の場合に、**健康保険や障害年金が支給**されることを教える
・公的年金については、離職の際に**脱退一時金の支給**等があることを教える　　など

雇用する事業主は、日本人、外国人の差別なく、労働関係法令及び社会保険関係法令を守る必要がある。また、在留資格の範囲内で能力を発揮できるように、指針に従って措置を講じなければならない。

●外国人労働者の雇用労務責任者の選任

・外国人労働者を10人以上雇用するときは、人事課長等を**雇用労務責任者として選任**する

●外国人労働者の在留資格に応じて講ずべき必要な措置

・特定技能では、出入国管理及び難民認定法等に定める雇用契約、受け入れ期間の基準に留意。必要な届出・支援等を適切に実施
・技能実習生では、実効ある技術等の習得ができるように取り組む
・留学生では、**新卒採用の際に留学生であることを理由として対象から排除しない**ようにする　など

●適切な人事管理、教育訓練、福利厚生等

・円滑に職場に適応できるように環境整備
・資質や能力等の社員像の明確化を行い、能力を発揮しやすい環境を作る
・**苦情や相談を受け付ける窓口の設置**。必要に応じて行政機関の相談窓口を教える
・帰国及び**在留資格の変更等の配慮や援助**
など

●解雇等の予防及び再就職の援助

・安易な解雇、雇い止めを行わない
・**解雇や離職の場合、再就職支援**を行う
・業務上の負傷、疾病などで休業する期間は解雇禁止
・妊娠、出産を退職理由にしてはならない
など

●労働者派遣又は請負を行う事業主に係る留意事項

・労働者派遣法を遵守する
・外国人労働者を派遣する場合、**雇用した事業所内で業務の処理や進行管理、人事管理、生活支援等を行う**　など

「外国人労働者の雇用管理の改善等に関して事業主が適切に対処するための指針」
URL　https://www.mhlw.go.jp/bunya/koyou/gaikokujin-koyou/01.html

の不合理な待遇差の禁止、安全衛生・健康管理の確保も求められます。社会保険適用の際には制度の周知を行い、理解を求めます。

さらに、外国人労働者としての在留資格変更や更新手続き等への配慮や援助、職場への適応を促すための教育訓練の実施、苦情・相談体制の整備も必要です。

豆知識

困った！　わからない！
雇用管理
アドバイザー制度を利用

国は、外国人雇用に関わる事業者を支援するため、各都道府県に「外国人雇用管理アドバイザー」を配置し、外国人労働者の雇用管理やコミュニケーション上のトラブルなどについて無料相談を行っています。外国人雇用の悩みや疑問、相談は近くのハローワークに問い合わせてください。

ワーキングホリデーの外国人を正規雇用する

潜在的に日本での就職希望者が多いのは、「ワーキングホリデー」という特定活動で在留している外国人たちです。

ワーキングホリデー制度とは、二国・地域間の取り決め等に基づき、相手国・地域の青少年に対し、休暇目的での入国及び滞在期間中における「旅行・滞在資金を補うための付随的な就労」を認める制度です。

目的は相手国の文化や生活様式を理解し合うこと。オーストラリア、ニュージーランド、カナダ、韓国など23ヵ国・地域間で導入されています。

滞在期間は最長1年で、滞在資金のための就労なので、アルバイトなどの非正規雇用に就くのが一般的です。

もしその後、正規雇用で、長く日本で働く場合には、希望する就労内容に合致する在留資格に変更しなければなりません（本人がその在留資格の条件をクリアしていなければならない）。

もし採用が決まった場合、ワーキングホリデーで在留する外国人は原則いったん帰国し、新規に日本に上陸するための手続きを踏まなければなりません。

ただし、以下の一部の国は、帰国せずに在留資格の変更許可申請を行うことができます。

ただ、現在運用が流動的なので、地方出入国在留管理局に本人の状況を伝え、指示を仰ぐといいでしょう。

[ワーキングホリデー制度導入国]

オーストラリア	ドイツ	香港	オーストリア	アイスランド
ニュージーランド	英国	ノルウェー	ハンガリー	チェコ
カナダ	アイルランド	ポルトガル	スペイン	リトアニア
韓国	デンマーク	ポーランド	アルゼンチン	(2020年2月現在)
フランス	台湾	スロバキア	チリ	

正規雇用の手続き

A いったん帰国し、在留資格の認定を得て再上陸

査証＆在留資格認定証明書交付申請

Bの5ヵ国以外の国とは、協定上他の在留資格への変更が認められておらず、いったん帰国しなければならない。査証（ビザ）を申請し、在留資格認定証明書申請を行い、新たな在留資格を取得し、再び日本に上陸する。

B 帰国せず在留資格変更許可申請を行う

在留資格変更許可申請

協定上、他の在留資格への変更を認めている以下の国では、申請者本人が帰国せず国内の自宅住所を管轄する地方出入国在留管理局で、在留資格変更許可申請を行う（P93・96）。

【協定により他の在留資格に変更可能な国】

オーストラリア、ニュージーランド、カナダ、韓国、ドイツ

PART 4

外国人の実力を引き出し、会社に定着させる

企業の大きな悩みのひとつが定着率。
「突然、やめると言われた」「不満が多く、一緒にやりづらい」。
問題の多くは、現場の対応に原因がある。
能力をいかしたい、早く昇給・昇進したいと望む外国人を、
どう指導し、サポートしていけばいいのか。
外国人のモチベーションを上げるための
上手な叱り方、評価の下し方、
面談の方法、日本語指導の方法などを理解する。

●受け入れ態勢

「なぜ外国人を雇うのか」ビジョンを全員で共有する

既存社員に伝えるべき4つのポイント

1	外国人雇用の必要性	なぜ今企業に外国人材が必要なのか。企業が抱えている問題をあげながら、その解消に外国人材がどう寄与するのかを語る。
2	自分たちにとってのメリット	外国人と一緒に働くことでスタッフが得られるメリット。内なる国際化が進み、ビジネススキルも上がることを期待する、など。
3	企業の将来のビジョン	国際競争力をつけ、将来は海外でもビジネスを展開するなど、企業の展望を示す。またそのために外国人材は不可欠であることを語る。
4	本人のスペックや人となり	本人がどういう経歴をもち、どんなスキルがあり、どういう人となりかについて。なにを認め、期待し受け入れるのかを説明する。

初めて外国人社員を雇用する企業では、社員に外国人雇用についての理解を促すことが不可欠です。社員のなかには、外国人に対する偏見をもつ人や、外国人雇用で不利益を被るのではと懸念する人もいるはずです。外国人が働く部署はもちろん、全社的に「なぜ外国人を雇う必要があるのか」を周知させましょう。

まず、会社がグローバル社会を生き抜くために、多様性が不可欠であること。これまで「阿吽の呼既存の社員のなかには、外国人に対して偏見をもっていたり、自分たちのポジションがおびやかされるのではないかと不安に思っていたりすることがある。幹部が直接外国人雇用の必要性を知らせることが大切。

不安
外国人と
働くのって
大変そう……
よろしく
お願いします！
王さんを
迎えるにあたり、
みなさんとわが社の
将来像を共有して
おきたいと
思います！
不安
自分の
ポジションが
奪われるのでは？
不安
余計な仕事を
増やさないで
ほしいな
不安
中国人だから、
○○なのかな
……

国のもつイメージで
「こういう人だ」と
決めつけたりせず、
個人として認め、
接するように
しましょう！

吸」で働いてきた組織には、コミュニケーション上の困難も予想されること。社員一人ひとりに努力が求められること。いい面、困難な面それぞれに言及し、個人の成長や会社の発展につながることを、トップ自ら説明します。

それは、社員に会社の新たな指針を示し、ビジョンを共有するチャンスになるに違いありません。

●配属先の合意

なぜその部署なのかを説明したうえで配属する

起こりやすい配属先のミスマッチ

とくに職務未経験の新卒採用の人材には、希望と配属先がマッチしないことも。社の方針を説明する必要がある。

新卒採用
（将来の活躍を期待されて採用）

本人の希望部署
習得した知識をいかせる部署を希望。

↓

能力・キャリア
職務未経験者。能力は未知数。

↓

企業側
ジョブローテーションで本人のキャリアを開発したい。

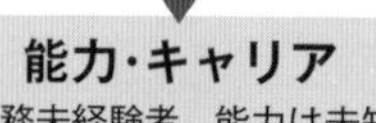

中途採用
（即戦力人材として採用）

本人の希望部署
自分の経験がいかせる部署を希望する。

↓

能力・キャリア
職務経験者で、高い専門性や技術を有する。

↓

企業側
即戦力として能力を発揮できる本人の希望部署に配属。

OK

即戦力として中途採用した場合は、本人のキャリアをいかせる部署に配属するため、ミスマッチは生じません。しかし、新卒採用のように未経験者を雇用した場合、外国人社員には不満が生まれがち。

一般に日本企業はジョブローテーションで社員にさまざまな経験を積ませ、能力開発を試みます。本人が希望しない部署に配属されることもあります。

ジョブローテーションは、日本独特の制度で、長期雇用を前提と

ジョブローテーションには説明が必要

複数の部署を経験させ、長期にわたり本人の能力を開発し、今後企業を担っていく存在として育成するためにジョブローテーションを用いる場合、外国人にもその旨を説明したほうがいい。

本人への説明1

長期雇用を前提としている

長期雇用を前提とした日本独特のキャリア形成の方法だということを説明する。
すぐに結果を出すことが大事なのではなく、さまざまな部署を経験することで、企業全体をより深く理解することができる。

本人への説明2

キャリア開発の一貫である

とくに新卒人材の能力は未知数。そのため、ジョブローテーションによってさまざまな部署で仕事をすることで、新たな可能性に気づくことができる。
ジョブローテーションとはキャリア開発の一貫だと伝える。

本人への説明3

将来を期待している

将来、企業の幹部候補として成長してもらうために必要なプロセスだということ。また、複数の部署での経験や人脈が、上に立つときに役立ち、また優秀なリーダーに成長することを期待している旨を伝える。

本人に希望部署を自己申告する機会を与える

一方的な印象を与えないように、年1回程度、本人が希望する部署を人事等に伝える自己申告の機会を設ける。
また配属先の決定時にも、そこに配属された理由を明確にし、納得させることが大事。

豆知識

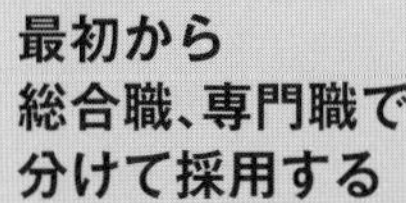

最初から総合職、専門職で分けて採用する

専門職で実力を発揮したいという意識は日本人より外国人のほうが強く見られます。新卒採用でも、最初から総合職採用、専門職採用と採用窓口を分けておく方法もあります。

総合職採用なら、ジョブローテーションに抵抗がない人も多いため、採用後の配属決定もスムーズです。

し、管理職になる道筋を想定して行われます。外国人には「就社」という概念がありません。大学で学んだことを即いかせる希望部署に配属されない理由が、理解できません。ジョブローテーションを行うときは、その部署で働く理由を説明し、将来のキャリアパスも明確に伝えてください。

●ジョブディスクリプション

職務記述書で、役割や職務内容を明文化して渡す

ジョブディスクリプションは「職務記述書」と訳され、欧米では一般的です。職務、責任範囲、必要な技術や知識が示され、配属先のミスマッチや評価への不満が生じにくくなります。

極力あいまいさを排除し、基準を明確にしておきます。

また、「書かれていなければ、やらなくていい」と思われないように、書かれていなくても常識の範囲のことは行う必要があると口頭で伝えておきましょう。

ジョブディスクリプションの8つのメリット

日本では馴染みの薄いジョブディスクリプションだが、本人だけでなく企業側にとってもメリットがある。

1　配属先のミスマッチを防げる
採用時、募集告知に反映すれば、求めている人材を絞ることができる。配属時もどういう仕事をするのかイメージしやすい。

2　研修・教育プランを組みやすい
やることが明確なので、客観的に不足している知識、経験を明らかにできるため、それに応じた研修・教育プランが組める。

3　人事評価がわかりやすい
職務内容が明確になり、なにをクリアすれば評価されるのかが文章や数値ではっきりするため、人事評価がしやすい。

4　法的リスクを回避できる
評価基準がはっきりすることで、給与や昇格・降格、解雇の基準も明確になる。社員に訴えられたときの自衛手段にもなる。

5　組織の相互理解が深まる
部署ごとにジョブディスクリプションが公開されていれば、お互いになにをしているのかがわかり、相互理解が深まる。

6　企業への貢献度がわかる
企業全体の仕事のどの部分に、どれだけ貢献しているのかが理解しやすくなる。帰属意識や満足感にもよい影響が期待できる。

7　キャリア形成がしやすくなる
評価につながる働き方を自分で工夫できる。また別部署や昇格を目指す際に必要なスキルがわかり、準備しやすくなる。

8　業務の棚卸し＆効率化ができる
書類作成に当たり、部署の職務内容やプロセスを振り返り、整理し、明文化することで業務の棚卸しができ効率化がはかれる。

ジョブディスクリプションのポイント

ジョブディスクリプション（職務記述書）は、職務内容について具体的に記す。人事評価の際に基準にもできる。

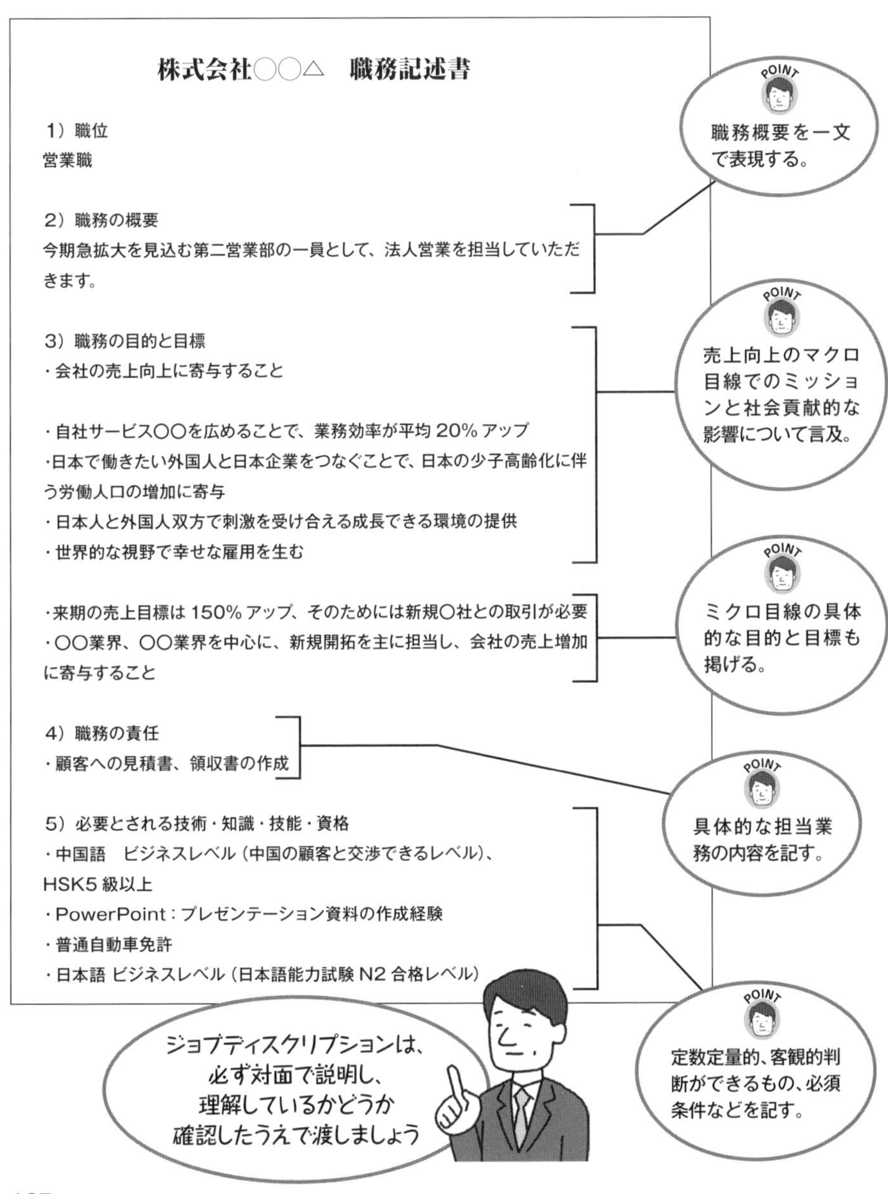

株式会社◯◯△　職務記述書

1）職位
営業職

2）職務の概要
今期急拡大を見込む第二営業部の一員として、法人営業を担当していただきます。

3）職務の目的と目標
・会社の売上向上に寄与すること

・自社サービス〇〇を広めることで、業務効率が平均 20% アップ
・日本で働きたい外国人と日本企業をつなぐことで、日本の少子高齢化に伴う労働人口の増加に寄与
・日本人と外国人双方で刺激を受け合える成長できる環境の提供
・世界的な視野で幸せな雇用を生む

・来期の売上目標は 150% アップ、そのためには新規〇社との取引が必要
・〇〇業界、〇〇業界を中心に、新規開拓を主に担当し、会社の売上増加に寄与すること

4）職務の責任
・顧客への見積書、領収書の作成

5）必要とされる技術・知識・技能・資格
・中国語　ビジネスレベル（中国の顧客と交渉できるレベル）、HSK5 級以上
・PowerPoint：プレゼンテーション資料の作成経験
・普通自動車免許
・日本語 ビジネスレベル（日本語能力試験 N2 合格レベル）

POINT
職務概要を一文で表現する。
POINT
売上向上のマクロ目線でのミッションと社会貢献的な影響について言及。
POINT
ミクロ目線の具体的な目的と目標も掲げる。
POINT
具体的な担当業務の内容を記す。
POINT
定数定量的、客観的判断ができるもの、必須条件などを記す。
ジョブディスクリプションは、必ず対面で説明し、理解しているかどうか確認したうえで渡しましょう

●上手な指示の出し方

婉曲表現は避け、すべての指示に理由を添える

具体的に、はっきりと指示を出す

✖だいたいできているみたいだけど、もう少し詰めておいて
↓
◯この資料には、問題点が3ヵ所あるので直してください
「だいたい」「もう少し」「けっこう」「わりと」「まあまあ」など程度を表す言葉は避け、修正するべき箇所を伝える。

✖ダメだな。ちょっとこっちでやっちゃうから
↓
◯今回は時間がないのでこちらで修正する。修正箇所を確認して、次からは改善しよう
ダメならなにがダメなのかをきちんとフィードバックする。上司が修正する場合でも、修正した部分を確認させる。

✖もっと自分の頭で考えてよ
↓
◯つまずいたポイントをはっきりさせてから、考え直そう
考え方がわからず困っている可能性が高い。わからないポイントを聞き出し、解消していくように導く必要がある。

指示を出すときには、「できるだけ」「適当に」「だいたい」「もう少し」などのあいまいな表現は、コンテクストを共有していなければイメージできません。

こうした会話が成立するのは、日本語を母国語とする者同士だけ。日本語は世界一特殊な言語だと自覚してください。

指示内容を翻訳するつもりで、いつ、いつまでに、なんの目的で、どうするのか、具体的に指示します。「当たり前」は通用しないた

指示を出すときは、期限ややるべきことをこと細かに伝える。間違っていたら、なにをどう直すべきなのか、理由とともに指摘する。

✖ 当日の状況を考えて適当に準備しておいて

↓

○ 来場者の人数を調べて、人数分の筆記用具とレジュメを準備してください

「適当に」は禁句。してほしいことの範囲を明確にし、誤解がないように限定的に伝える。

✖ できるだけ早くやっておいて

↓

○ 今週の木曜日の12時までに提出してください

「できるだけ早く」は主観。人によって捉え方が変わる。何日の何時までにやるのか期限を具体的に伝える。

とくに日本人は「述語」をにごしがち。あいまいに言うと、外国人に指示内容が伝わりません。述語ははっきりと！

め、論理的に説明し、目的、理由を伝えます。

質問をされたら、イエスかノーかで回答してください。言いよどむと、信頼を損ないます。

また、日本人ほどこと細かに報告、連絡、相談する習慣がありません。一日1回時間を決めて、進捗状況や困っていることを聞き出す時間を作りましょう。

●上手な叱り方

人前では絶対に叱らない。勤務時間内に一対一になれる場所で指導

指導するなかで、どうしても叱らなくてはならない場面は出てくるものです。外国人の場合、日本人以上に叱られることに敏感です。人前で叱るのは論外。とくに中華圏の人にとって、人前で叱られるというのは面子を潰されるということ。日本人が想像する以上に屈辱的な行為に値します。

また、外国人には日本人のように「謝る」ことで場を保つ習慣はありません。謝るということは、非を認めるだけでなく、全責任を

「謝らない」人のやりがちな行動

本人のミスでも、自分の非を簡単に認めない。認めると責任問題になるため、「場を収める」目的では謝ったりしない。

遅刻の理由
御社の地図がわかりづらかったから遅れたんです！

やりがち1
ミスがあっても認めない
ミスを認めたり、謝罪したりすることは、責任を負わされることを意味するため、承認しない。

やりがち2
自分が悪いとは思わない
そもそも自分のミスだとは思わない。周囲に指摘されても、納得せず、不服に感じやすい。

やりがち3
立場に関係なく、理屈を述べる
立場や状況に関係なく、責任を負わされないように、理由を並べ、非がないことを主張する。

叱られていることがわからない状況を作る

勤務時間内に職場で叱るのが原則。ただし周囲に悟られる状況で叱るのは避ける。とくに中国人にとっては「人前で叱られる」というのは屈辱的な行為なので注意して。

OK

さりげなく別室で。冷静に指摘する

周囲の目につかない場所で、客観的な理由を説明しながら。本人が納得し、改善できるように話をする。

NG

周囲から叱られていることがわかる

人前で叱るのはもちろん、別室であってもあからさまに「今から叱られる」ことがわかる状況を作るのはNG。

豆知識

笑顔ではっきり大きな声でよくほめる

間違いを正しく指摘するためにも、上司とのあいだに信頼関係を作っておくことが重要です。

いい点があれば、にこやかな表情で、大きくはっきり通る声で、誰が見てもわかるようにほめてください。

上司がふだんの行動を認めているのだと示せば、聞く耳をもてるのです。

負わされることを意味します（P132）。多少事実をねじまげてでも、自分の正しさを主張します。

文化の違いを理解し、イライラしたり、感情的になったりしないことを心がけてください。

なお、日本人の商習慣の指導は、ノウハウをもつ外部機関に委託するのもいいでしょう。

「すいません＝謝罪」ではないことを教える

外国人がもっとも誤解をしやすいのが「すいません」という日本語。「すいません」になにが含まれるのか、上司は説明できるようにする。

すいません すいません
いえいえ すいません
悪くもないのに謝るなんて理解できない！
非を認めたら、責任を負わされるのに……？
謝る場面ではないのに、なぜ「すいません」なの？

日本語の会話のなかでも、外国人にとって、奇妙に感じる言葉が「すいません」。日常会話はもちろん、ビジネスシーンでも、日本人は「すいません」とよく言い合います。

外国人が日本語を勉強するとき、最初に「すいません」を謝罪の言葉と習います。ところが実際には……

「すいません、15時にお約束している株式会社○×のものです。お忙しいなか、すいません。山田さんいらっしゃいますか？」

「ああどうも、わざわざご足労いただきすいません。会議が長引いていて、山田は10分ほど遅れるそうです。本当にすいません」

「いえいえすいません、お気になさらずに。こちらで待たせていただいてもよろしいでしょうか」

「ええ。受付ですいませんが、終わ

り次第、声をかけますね」
「はい、すいません」

……と、日本人は謝罪以外の意味でも「すいません」を使っています。そのため「日本人はなぜ悪くもないのに悪いというのだろう？」と混乱してしまうのです。

●複数の意味を理解させる

まだ日本語を上手に使いこなせない外国人ほど、「すいません」に反発する傾向が見られます。特殊すぎる言葉なので、グローバル・コミュニケーションへの流れとは逆行しますが、日本の商談では重要な表現です。「すいません」が複数の意味をもち、日本人独特の協調精神を保つのに使われることを理解させましょう。本人も「すいません」を活用し、より自然な会話ができるようになります。

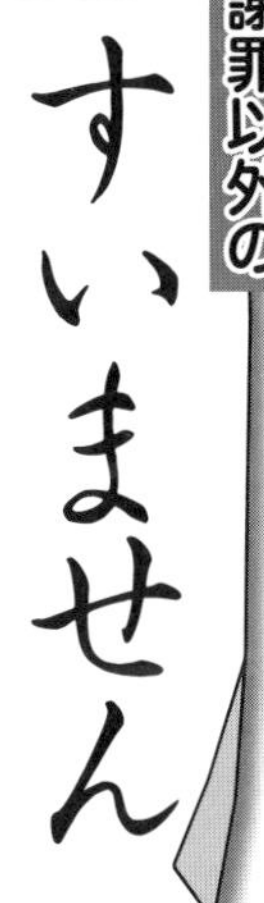

お互い様
間違いは誰にでも起こることです。

感謝
わざわざありがとうございます。

依頼の前置き
ちょっといいですか？お願いします。

気づかい
あなたは悪くないですよ。

心情のくみ取り
こちらが至りませんでした。

ねぎらい
助かりました。お疲れ様です。

思いやり
あなたの気持ちをわかっていますよ。

日本人は「すいません」を和を保つために使っていることを理解してもらいましょう

（『「すいません」が言えない中国人「すいません」を教えられない日本人　―中国人と日本人のための研修テキスト―』井上一幸 著　健康ジャーナル社 刊、2011 より作成）

評価基準に従い、よい点、改善すべき点をはっきり正確に伝え、目標を掲げる

評価面談のステップとポイント

年に１～２回、まず本人に評価シートを書かせた後、上司が評価し、評価面談を行う。上司はお互いの内容を確認しながら、次につながるような指導をする。

Step1
緊張を解く
「面談」という場で、母国語ではない言葉で受け答えするのは大変緊張するもの。まず世間話をしてリラックスさせる。

Step2
評価を振り返る
自己評価と上司の評価とのあいだにギャップがあった問題を洗い出す。

Step3
課題を共有する
マイナス評価の原因を考え、なにが課題になっているのかを整理する。

Step4
解決策につなげる
その課題をどうやったら解決できるか、一緒に考え、目標を設定する。

外国人には、昔ながらの年功序列制度は理解できません。どのように評価され、ポジションや給与が決まるのか。公平性や透明性が確保されていないと離職の原因に。そのために評価面談（フィードバック面談）を行います。

本人に自己評価を提出させ、直属の上司が評価を下します。目標の売上に何割達しているかなど、数値を示します。このとき、ジョブディスクリプション（Ｐ１２６）があると、理解に役立ちます。

上司にも事前準備が必要

評価を下す上司の側にも、外国人の部下からの質問を想定し、答えられるようにじゅうぶんな準備が必要。とくに昇給や昇進に関しては、不満を残さないように、なぜそのような処遇になるのかの理由を述べ、次にクリアするべき課題も伝える。

POINT 1 記述式の場合は母国語も許可

自己評価に記述式の箇所がある場合、日本語では訴えきれないことも。英語や母国語での記述も許可する。

POINT 2 ジョブディスクリプションに基づく評価

評価を下すときは、やるべき内容や目標となる数値に照らし合わせながら、客観的に。ジョブディスクリプションがあれば、それを評価基準とする。

評価面談では、語尾を濁さず、きつく感じるくらいはっきりした言い方で。評価、目標をあいまいにされると、モチベーションが低下します。がんばった点、不足している点を伝え、次の目標を明確にします。反発があってもこちらの要望を伝えます。議論は重要です。信頼関係をより深めます。

豆知識

外国人材の定着には、ロールモデル育成の意味もある

模範となる人材のことをロールモデルといいます。日本人と同じように昇進していけるのか、リーダーになれるのか不安に感じる外国人もいるでしょう。ひとりでも多くの外国人材を定着させ、重要なポストを与えていくことは、次世代のロールモデル育成のためにも大切なのです。

●サポート体制1

同期をバディに、先輩をメンターにつけ、孤立させない工夫をする

同期をバディとしてつける

年齢の近い社員をバディとして組ませる。期間は新入社員のあいだだけでも構わない。

職場のちょっとした疑問や悩みを相談できる
国際感覚を勉強するよい機会になる
本人
同期
わからないことを気軽に尋ねることができる
新人ならではの苦労や愚痴を言い合える
バディ
近い年齢の社員同士 2～3人一組
同期、同期入社の社員が少ないときは、近い年齢の社員同士でチームを組ませる。

社内に、外国人が当たり前に働く風土ができあがらないうちは、積極的に孤立させないしくみを作ることが大切です。

実際に仕事をしながら社員を育成するOJT(On the Job Traning)制度のひとつに、バディ制度、メンター制度があります。

バディ制度とは、年齢が近い者同士2~3名でバディ（仲間）を組ませるというもの。例えば新入社員の研修時にバディを組めば、研修後もよき同期として相談し合

先輩社員をメンターとしてつける

仕事やマナーなどについて助言を求められる先輩を「メンター」としてつける。海外駐在、留学経験をもつ人がベスト。

メンター
3～5年先輩の社員
歳がそれほど離れていない別の部署の社員がベスト。海外留学経験などがあるとなおよい。
海外駐在経験者
海外駐在経験者など海外でのビジネス経験があり、外国で生活する大変さを理解できる人。
メンター
本人
相談先
相談先

う関係が自然と成立します。

メンター制度では、3～5年目くらいの中堅社員をメンターとしてつけ、日頃から相談に乗るというものです。

なかでも海外駐在経験のある社員は、外国人の置かれた立場に共感、配慮できるので、メンターには最適です。

豆知識

個人の秘密を守ることを前提に話を聞く

メンター制度では信頼関係が欠かせません。外国人社員が相談した悩みや愚痴、個人情報が、本人の了承無しで上司や人事に伝わっては、疑心暗鬼におちいります。

ただし、法律、規則、メンタルヘルス問題などは、本人も交えて相談できる環境を社内に整えましょう。

●サポート体制2

定期的にミーティングをし、悩みをこちらから聞き出す

外国人が抱えやすい悩み

外国人社員が日常で感じやすい悩みの種類に応じて、社内の適した人間が聞き出す。問題を共有することが大事。

今後のキャリア
直近の昇給、昇進だけでなく5年、10年後にどのような仕事を希望するのか。

現在の仕事
現在関わっている仕事の進め方や上司との関係性、日本特有の商習慣について。

プライベート
健康問題、住居問題、家族、パートナーとの問題、結婚や妊娠・出産などの問題など。

企業内のルール
朝礼、日報の書き方、コピーのとり方、会議の進め方など社内で習慣化していること。

バディ、メンターなどの制度とともにおすすめしたいのがミーティングの時間を設けることです。言葉の壁もあるため、自分の悩みや不満をうまく伝えられない外国人もいます。小さな問題でもこころの内にためてしまうと、ある日突然「やめます」ということになりかねません。

定着率を上げるためには、定期的にミーティングをし、悩みをすくい上げ、社内で共有しながら解決することが大切です。

悩みを受け止める体制作り

バディ制度、メンター制度（P136）だけでなく、部門長や人事・総務部でも外国人の悩みをすくい上げ、社内で共有する体制を作る。

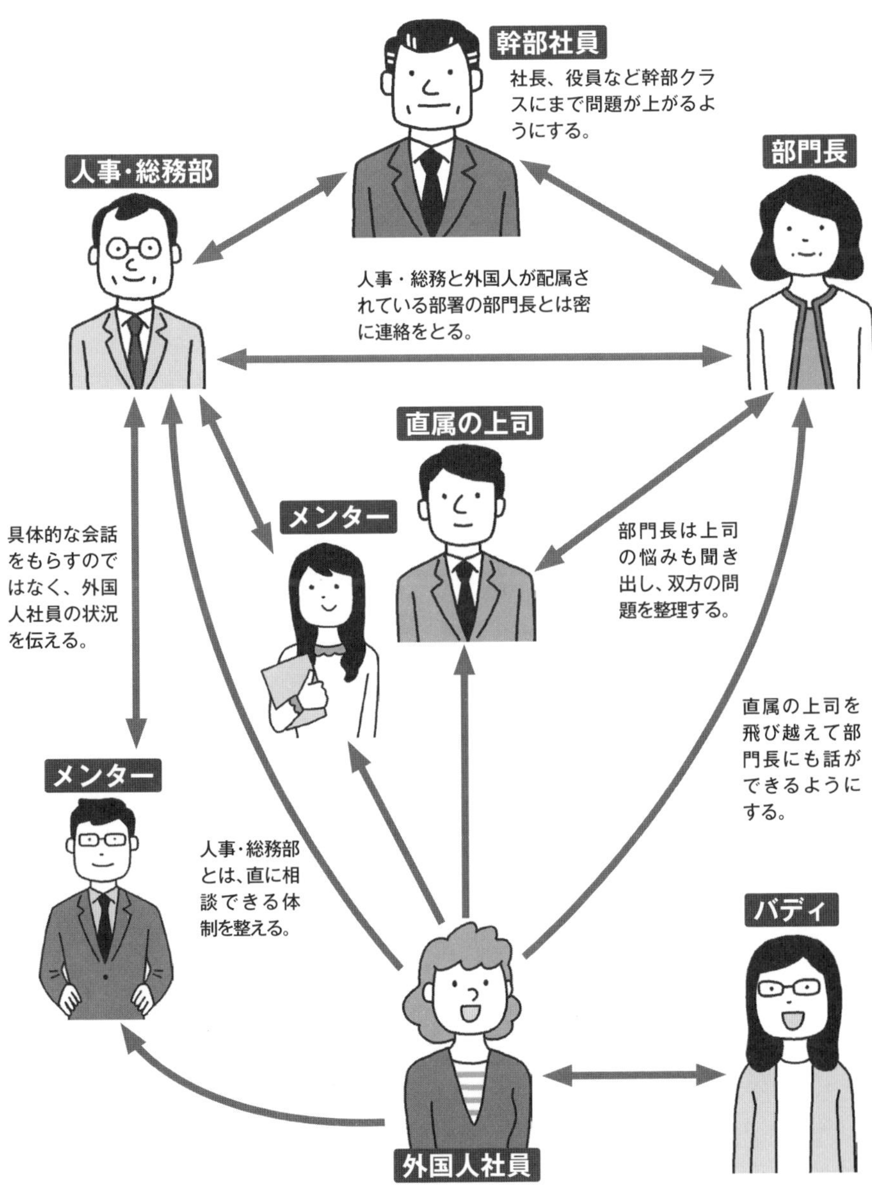

幹部社員
社長、役員など幹部クラスにまで問題が上がるようにする。
人事・総務部
部門長
人事・総務と外国人が配属されている部署の部門長とは密に連絡をとる。
直属の上司
メンター
具体的な会話をもらすのではなく、外国人社員の状況を伝える。
部門長は上司の悩みも聞き出し、双方の問題を整理する。
直属の上司を飛び越えて部門長にも話ができるようにする。
メンター
人事・総務部とは、直に相談できる体制を整える。
バディ
外国人社員

PART 4 外国人の実力を引き出し、会社に定着させる

ミーティングで悩みをすくい上げる

キャリア面談

語学力や外国人ならではの特性をいかした仕事を望んでいる。とくに入社数年は重要な仕事は任されないため「なぜアルバイトのような仕事をさせられるのか？」という疑問をもち、将来に不安を覚えやすい。
将来のキャリアパス（昇進のルート）を描けるように、話をする。

【こんなことを尋ねてみよう！】

◯年後に
どんなポジションを望む？
今の仕事の
意義を理解している？
今後身につけたい
スキルは？
人事・総務部

日常のホウレンソウ

毎日決まったタイミングに、15分程度でも時間を設け、報告・連絡・相談を義務化する。業務の進捗状況やその日気になったこと、疑問点や悩みごとなども話を聞くようにする。ただし、本人の自主性や意見は尊重する。権限を委譲し、やる気を引き出すことも大事。

【こんなことを尋ねてみよう！】

仕事の
進捗状況や
わからない点は？
取引先等との
やりとりでの
疑問は？
会議などで
言いそびれた
ことは？
直属の上司

●問題はデータ化して残す

日頃から、外国人に対しては、日本人社員よりも多く声をかけ、コミュニケーションの機会を増やしてください。メンターやバディだけでなく、上司や部門長、人事・総務部などとも連携をはかり、1〜2週に1回は誰かが話を聞く体制を作ります。

日本の商習慣の違いから、日常生活の悩みまで、なにがわからないのか、なにに困っているのかを探ります。こうして集まった外国人の悩みは、次に外国人を雇用するときに、工夫・改善するための材料になります。データベース化しておけば、今後の外国人雇用に関する有益な資料になります。

昇進・昇給に関する評価面談（P134）だけでなく、日常のホウレンソウ、キャリアパスに関するキャリア面談、家族や住居に関するライフプラン面談など、気軽にミーティングできる機会を定期的に設け、外国人社員の悩みを共有する場を作る。

その他のミーティング

メンターなどが、文化や習慣の違いで、よくわからなかったり、言い出しにくかったりすることがないかを聞き出し、フォローする。
また、日本語の日常会話や読み書きの問題（P142）や、社員同士のつき合い方、社内行事、時間外の飲み会などについての悩みなど。

【こんなことを尋ねてみよう！】

社内の人間関係で困っていることは？
日本語でのやりとりで困っていることは？
ハラスメントを受けていない？
メンター

ライフプラン面談

キャリアパスにともない、日本で長く働くために、どういうライフプランを描きたいのか。
結婚（女性の場合、出産）、育児や親の呼び寄せや住居など、外国人ならではの悩みがあるはず。外国籍の先輩社員や海外での生活経験のある社員に面談してもらうのもいい。

【こんなことを尋ねてみよう！】

住居等で困っていることはない？
結婚や育児についての悩みは？
母国の家族についての悩みは？
メンター

上司＆外国人社員でペア研修を受ける

上司と外国人の部下との関係構築、相互理解をはかるために、ペアで研修を受けさせ、成功している企業もある。
さまざまなワークを通じて、お互いの文化・風習を学び、考え方や伝え方の違いを理解し、尊重しながら仕事に取り組めるようになる。

外国人社員

違いを共有

- 文化・風習
- 生活習慣
- 宗教・信条
- ビジネスマナー、商習慣
- 考え方、伝え方

直属の上司

●サポート体制3

日本語の間違いは「外国人だから」と大目に見ず、思いやりをもって直す

ホワイトカラー職種で就業している外国人は、日本語能力試験でN2（ビジネスレベル）以上を取得しています。

しかし、ビジネスの場数を踏んでいるわけではありません。とくに非漢字圏の外国人は、読み書きを難しいと感じています。職場の仲間で、フォローする必要があります。

「外国人なのに、日本語上手ですね」などとお世辞を言うことはありません。間違っているときは、

やる気を損なう日本語指導

細かい間違いでも指摘することが大事。ただし、重箱の隅をつつくような指摘はやめ、できていることはよくほめる。

✖ 細かすぎる添削

書類やメールの添削は必須。ただし、細かすぎるダメ出しは、やる気を損ねてしまう。ポイントを指摘し、改善につなげる。

✖ 発言の機会を奪う

うまく伝えられないからといって、本人の発言を端から言い直し、チャンスを奪ったり、おとしめたりするようなことはやめる。

日本語指導の悩みQ&A

日本語能力が高い高度外国人材でも、ビジネス会話で日本語を使いこなすのは難しい。個別に対応し、丁寧に指導する。

Q 書類作成の精度が低い

A 時間をとって添削する

書類やメールは、上司が添削するのが一番。このとき必ず2回程度は添削のやりとりのための時間をとる。
書類作成の目的と誰宛かを意識しながら作成すると、改善されやすい。

Q ビジネス用語を理解していない

A 知識として暗記させる

業界用語、ビジネス用語はもちろん、外来語なども、外国人にとっては意味不明。
新入社員向けに書かれている本を読ませたり、職場で頻繁に使用される言葉を整理し、知識として暗記してもらう。

Q 漢字がどうしても苦手

A 生活に関わりのある情報で勉強

非漢字圏の人にとって、漢字を覚えるのは大変困難。コツコツとドリルなどで勉強してもらう。
またNHKのテレビやラジオの日本語教育、生活に関連する新聞や社内報の情報を通じて勉強する方法も。

Q 直截的できつい言い方が気になる

A 丁寧語で対応させる

ビジネスに有効な敬語の知識はもっていても、日常会話ではつかいこなせていないことが多い。
その都度、正しい言い方を指摘することが大事。難しいときは、無理に敬語を使わず、丁寧語で対応させる。

豆知識

日本語教育を進める法的裏づけ

2019年6月には「日本語教育の推進に関する法律」が参院本会議を可決、成立しました。国や自治体、企業が日本語教育を進める責務があることが明文化された法律です。外国人の受け入れを増やしていく国の方針に沿ったものです。日本語教育を受ける機会が確保されれば、外国人の定着にもつながります。

思いやりをもって指摘し、正しい使い方、よりナチュラルな使い方を教えましょう。
日本語をネイティブのように使うというのは、在留外国人の目標です。向上心を高めるためにも、外国人の日本語習得には協力してください。

ルールを覚えて多言語対応

知っておきたい「やさしい日本語」

「やさしい日本語」は、災害時、外国人の命を守るために研究された日本語だが、ビジネスシーンにも応用できる。※以下の例文はカテゴリーⅠを基準に作られている。

1 難しい言葉を避け、簡単な語彙を使う

日本語能力試験N3、N4の出題レベルの語彙で文章を作る。

✕先に　駅に　行ってくれるかしら

「に」「で」は用法が数種類あるが、「へ」には方向を表すだけ。

「かしら」「〜ぜ」「〜ぞ」はN3以上なので使わない。

○先に　駅へ　行って　ください

語彙のレベルは「日本語読解学習支援システム リーディングチュウ太」で確認できる。
URL　http://language.tiu.ac.jp/tools.html

在留外国人が多国籍化するに従い、「外国人にもわかりやすい日本語」を使う必要性が高まっています。

1995年、阪神・淡路大震災の際、避難やライフラインに関する情報がよく理解できず、苦しい状況に追いやられた外国人が多数存在したことが判明しました。弘前大学の佐藤和之教授らが中心となり、片言の日本語しかわからない外国人に伝わる、簡潔な日本語表現の研究が始まりました。「やさしい日本語」とは「易しい」と「優しい」の意味を含んだ日本語で、カテゴリーⅠ（在留約1年未満、日本語能力試験N5〜4レベル）、カテゴリーⅡ（在留約1年以上、N3レベル）に分かれています。

現在では多くの自治体が「やさしい日本語」を採用しています。外国人とともに生きる社会では、「やさ

2 一文を短く、文の構造を簡単に

一文の長さは 24 拍（1 拍＝ひらがな 1 文字）程度で収める。文節は 10 文節程度に。

今日、会食がありますが、支払いのときには、
社名が書かれた領収書をもらってください

略語や熟語は説明を加える。

構造を単純にする。

長過ぎるので短く。文節（その後に「ね」を入れても不自然ではない区切り）で区切る。

○ 今日　会食〈みんなで　ご飯を　食べる　会〉が　あります
店で　お金を　出すときに
領収書を　もらって　ください
領収書には　使った　お金と
会社の　名前が　書いてあります
店の人が　領収書を　書きます

弘前大学人文学部社会言語学研究室が認定した文例には、ロゴが付与される。

しい日本語」を通じて、外国人が日本語のどんな点を困難に感じるのかを理解しておく必要があります。

　ビジネスシーンも例外ではありません。例えばセブン-イレブン・ジャパンでは、スタッフに言語別の翻訳者を通じて指導するより、「やさしい日本語」を使ったほうが、スムーズだったという報告があります。とくに特定技能、技能実習で在留中の外国人と一緒に働く場合には、ぜひ社内で勉強し、活用してください。

　「やさしい日本語」はインターネット等でガイドラインを参照することができます。

3 外来語は注意して使う

外来語や和製英語、それを略したものは、本来の意味とは違うことが多い。

✖ リスケしておいてください

リスケジュールであれば理解されるが、略すと意味不明に。

↓

◯ もう一回　予定を　作って　ください

4 擬態語は使用を避ける

「どんどん」「きりきり」など、擬態語は極力避けて、具体的な言葉に直す。

✖ じゃんじゃんやって、パパッと終わらせて

外国人には意図するところが伝わらない。

↓

◯ いつもより　○ヵ所多く　連絡して　ください
夕方　6時までに　終わらせて　ください

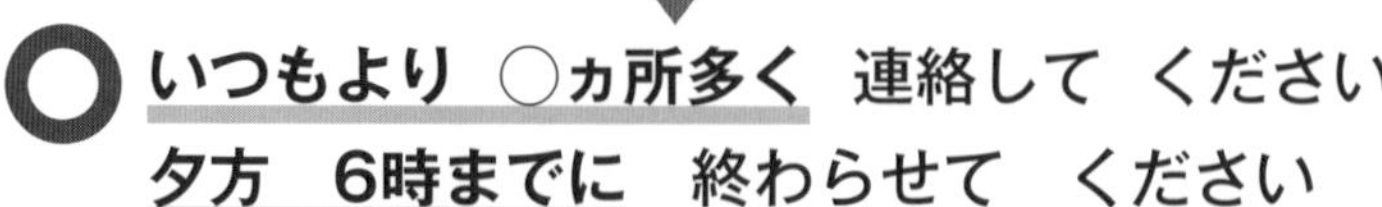

5 動詞は名詞化せず、動詞文で

「待ち」「揺れ」「もれ」などの動名詞は、動詞に直して使う。

✖ 返事が来るまで待ちだ

「マチ」が「待つこと」だとは認識されない。

↓

◯ 返事が　来るまで　待つ

6 あいまいな表現は避ける

「おそらく」「たぶん」「もしかすると」などのあいまいな表現で伝えたいニュアンスは、文末に反映する。

✕ おそらく会えない

言わんとすることがぼやけてしまい、結論がわからなくなる。

○ 会うことが　できないかもしれません

7 二重否定の表現は避ける

「～ない～ではない」という二重否定表現は、結論が伝わりにくくなるので避ける。

✕ 使えないわけではない

外国人が混乱しやすい表現。

○ 使うことが　できます

8 可能や指示の文末表現は統一する

可能表現（～れる、～られる）は日本語教育で最初に学ぶ「することができる」に。
また指示は、勧誘の意味を含む「しましょう」より「してください」にする。

【可能】✕ 会議室は使えますが、
冷房はつけられません

「できる」「できない」のほうが誰にでも理解されやすい。

○ 会議室は　使うことが　できます
冷房は　使うことが　できません

【指示】✕ ボールペンを使いましょう

使わなくてもいいように捉えられる。

○ ボールペンを　使って　ください

「やさしい日本語」取材協力・監修　佐藤和之（弘前大学人文学部教授）
参考資料　「増強版『やさしい日本語』の作成のためのガイドライン」（弘前大学社会言語学研究室）

●サポート体制4

帰属意識をもたせるために勤務時間内で交流の機会を作る

定期的に交流できる場を設ける

外国人の社員が、さまざまな社員と交流できる場を設ける。勤務時間外の飲み会やイベントより、勤務時間内に機会を組み込む。

ランダムランチ会

月に１回、各部署からランダムに選ばれた社員数人が、費用会社負担で昼食をとる。

たまには幹部社員が加わってもいいですね

部署の垣根を越え、仲間意識が強まる。

社内でのコミュニケーションを円滑にするため、定期的に飲み会や、季節ごとにレクリエーションを行う企業もあります。

ただ、勤務時間外の強制参加は、「プライベートの時間を費やしたくない」と拒否されることもあります。企業側が、勤務時間に仕事の一貫として交流できる場を設けるようにしましょう。

社内での交流によって帰属意識が高まり、前向きな気持ちで働くことができます。

異文化勉強会

外国人社員に、母国の文化や商習慣など、テーマを決めて、ほかの社員の前で発表させる勉強会の場を設ける。

日本人の社員が
交替で日本語や日本の
商習慣を教える勉強会を
開催するのもいいですよ
本人にとっては
プレゼンの
勉強になる。
本人
日本人社員に
とっては異文化を
学ぶよい機会に
なる。

豆知識

新年の初詣
会社の行事として
勤務時間内に

日本企業の風習として、新年に部署ごとに初詣に行くことがあります。外国人のなかにはこうした行為に抵抗があることも。

社内行事として勤務時間内に行う場合は、事前に「宗教」というより「風習」であることを説明し、了承を得たほうがいいでしょう。

外国人雇用の

トラブル・お悩みQ&A

外国人の場合、違法行為で在留資格を失ったり、期間を短縮されたりする原因になる。高度外国人材ほど、注意深く生活している。トラブル、相談が起きたときも、基本的な対応は日本人と同じ。ここでは、外国人社員に起こりがちな、トラブルや悩みを紹介する。

在留資格

Q

雇入れの際に、家族を母国から呼び寄せたいと言われました

A

配偶者と子なら、本人の申請時に同時に申請できます

特定技能1号や技能実習では、家族を呼び寄せることはできませんが、**技術・人文知識・国際業務（技人国）や特定活動46号などでは家族帯同は許可されています。**

ただし、このときの「家族」とは、配偶者と子（第一親等）までです。

親や兄弟姉妹は、母国で本人の扶養を受けていたとしても、家族滞在の在留資格は下りません。

本人の在留資格の申請時に、家族滞在の資格申請をすることができます。このとき、**本人の在留資格が下りなければ、同時に不許可となります。**

すでに在留資格をもっている外国人が、母国から家族を呼び寄せる場合には、**その家族に扶養が必要な事情があり、日本でじゅうぶん扶養できる経済的能力があれば、申請はスムーズに進められます。**

家族帯同に必要な書類作成や、家族が訪日後に同居する住居など、不安も多いでしょう。企業側は、親身に本人の相談に乗ってあげてください。

在留資格

在留資格が下りませんでした。
再申請できますか？

できます。見直し、
修正したうえで再提出を

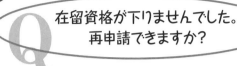

不許可のときは、その理由を地方出入国在留管理局の担当者から告げられます。まず、**その不許可の理由を払拭しなければなりません。**

書類に不備、誤解を招くような点がないかどうか、きちんと見直したうえで再提出してください。

提出先は、地方出入国在留管理局（8局）、同支局（7局）、出張所（61ヵ所）です（http://www.immi-moj.go.jp/soshiki/）。

申請する外国人の住所を管轄するところに出すのが基本です。

在留資格

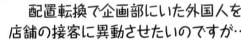

配置転換で企画部にいた外国人を
店舗の接客に異動させたいのですが……

企画部にいたということは、在留資格は技人国なのでしょう。

この資格の活動範囲に、「接客」は入りません。特定活動４６号への在留資格の変更が必要です。

変更申請をせず、そのまま活動を続けていると、不法就労になり、労使ともに刑事罰の対象になります。異動が決定した時点で、速やかに申請しましょう。

もし、採用時点でこうした配置転換が予測されているなら、最初から活動範囲の幅が広い特定活動46号で申請しておくことをおすすめします（ただし、特定活動46号は四年制大学卒業が条件）。

試用期間中の解雇

試用期間中の働きぶりが悪いので、
本採用を断りたい

特別な事情が認められれば、
解雇はできます

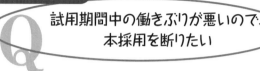

労働基準法では、14日以内の試用期間中の労働者には、解雇予告や賃金の支払いをしなくてもいいという特例があります。しかし、実際には14日間では見極めがつかず、試用期間を2～4ヵ月程度に設けている企業がほとんど。この場合、**解雇30日前に予告するか、30日分以上の平均賃金を支払う必要があります。**

この期間内に、①履歴書等に重大な経歴詐称や隠蔽、②能力の大幅な不足、③勤務態度の不良、④勤怠不良（遅刻・欠勤をくり返す）、⑤健康不良などの特別な事情が見られる場合にのみ、解雇という形をとることができます。

休暇制度

母国に里帰りしたいが、
できるだけ休みたくないと
言われました

祝日を振り替えてまとめて
休暇をとれる制度を導入しましょう

母国に家族や親族がいる外国人にとって、里帰りできるかどうかは重要です。出身の地域によっては、帰国するのに2～3日かかる人もいるでしょう。郷里への往復と滞在期間を考えると、1週間程度休みが必要になることも。

外国人を雇用する際は、あらかじめ休日や大型連休についてのヒアリングをしておきます。祝日を振り替えたり、有給休暇と組み合わせたりして、長く休みがとれるように工夫しましょう。**本人のモチベーション向上にもつながります。**

違法行為

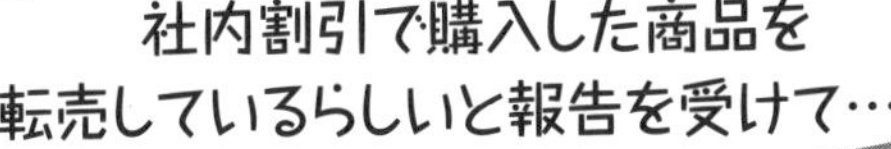

社内割引で購入した商品を
転売しているらしいと報告を受けて……

違法行為や信義則違反への感覚は教育してください

著作物の複製や数十万円レベルの贈収賄など、とくに問題にもならず国によっては日常的に行われていることがあります。このような国から来た外国人には、違法行為や信義則違反だと思わず、法に触れる行為をしてしまうことが。

財務情報や個人情報などの機密情報には注意が必要。機密情報がなにを指すのかピンとこない人もいるため、事細かに文章化し、理解させるようにしましょう。

こうした感覚は、教えられなければ身につきません。先輩社員が逐一チェックし、カバーします。外部機関などを利用し、研修を受けさせるのもよい方法です。

ハラスメント

外交問題を話題に出したら、外国人社員が怒り出しました

政治や宗教の問題を話題にするのは避けたほうがいいでしょう

平和な日本と違い、海外では戦争や紛争で大変な国もたくさんあります。

また、外交問題で日本と関係がよくない国の人たちも、国内で数多く働いています。こうしたなかで、職場の世間話的に外交問題をもち込むことは、ハラスメントに相当します。

職場の外国人を、その国の代表者のように扱い、意見を求めることは避けましょう。職場はあくまで同じ目的を目指してともに協力し、働く場所だということを、社員のみなさんに周知してください。

給与額

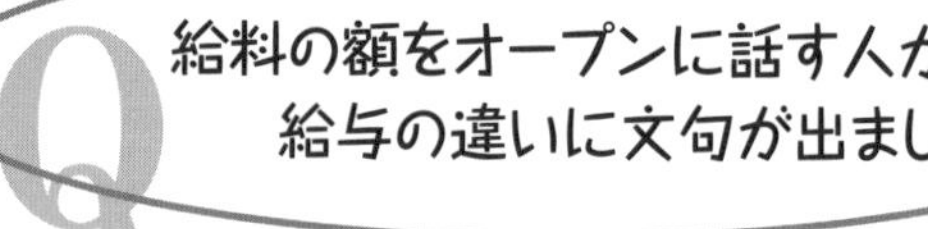

給与の違いに文句が出ました

支給額の基準はできるだけ

日本人の場合、自分がいくらもらっているか、あまり公表する習慣がありません。ところが国によっては、この常識は通じません。

外国人は、自分の年収やボーナス額をオープンに話をする傾向があります。

そのため「なぜ同じ職務内容なのに、私とあの人では給料に差があるのか?」「なぜ私のほうが少ないのか?」など、疑問をぶつけてくることも。こうしたことを避けるためにも、給与基準と査定基準は明確にしておきましょう。

心身の問題

口数が少なく、
調子が悪いようです

医療機関への受診を促します。
通訳などの手配をしてあげては

単身で日本に来て働く外国人は、孤独感を覚えやすいものです。口数が少なかったり、欠勤しがちだったり、心身に不安を感じさせるサインが出ていたら、医療機関にかかるように促しましょう。

労働法は日本人と同等に適用されます。**雇入れる企業側には、安全衛生の確保が求められます。**

全国に産業保健総合支援センターが設置されています（https://www.johas.go.jp/shisetsu/tabid/578/Default.aspx）。利用してみるのもいいでしょう。

また、調子が悪いときに病状を日本語で伝えるのは難しいものです。**つき添いを手配したり、通訳者に依頼したりして、思いやりをもって本人をサポートしましょう。**

海外勤務

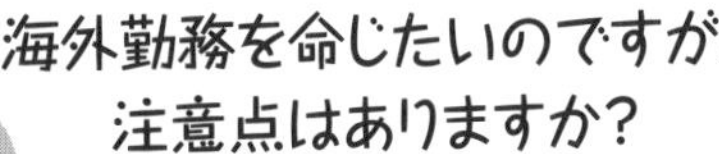

Q 海外勤務を命じたいのですが、注意点はありますか？

A 処遇についての話し合いが必要です

よく聞かれる不満のひとつに、海外赴任を命じられ、母国で働くことになったら、急に給与水準が下げられ、待遇が激変してしまったというものがあります。**せっかく日本の企業に就職したのに、給与が母国の平均賃金では、在留資格まで取得して日本に来た意味がない、という理由で不満を感じやすいのです。**

離職の原因になりますので、長期雇用を計画しているなら、処遇についての話し合いをし、本人に納得してもらったうえで話を進めましょう。

退職

Q 国内転職するために退職したいと言われました

A ハローワークへの届出が必要です

日本人が退職するときと同じ流れで手続きを行います。ひとつ違うのは、ハローワークに届出を出すこと。本来は、退職証明書を外国人に交付し、外国人が地方出入国在留管理局に提出しなければなりませんが、**企業側がハローワークに雇用保険被保険者資格喪失届を提出すれば免除されます。**後者のほうが、一般的です。

なお、外国人が日本にいるあいだにかけていた**年金については、帰国の際に申請すれば、脱退一時金を受け取ることができます**（下記参照）。

●短期在留外国人の脱退一時金
URL　https://www.nenkin.go.jp/service/jukyu/sonota-kyufu/dattai-ichiji/20150406.html

外国人と一緒にワンチームに。やり遂げた企業は必ず強くなる

入管法に画期的な改正が加えられた2019年。日本で「ラグビーワールドカップ2019」が開催されました。日本代表は「ワンチーム」という合言葉のもと、「まさかの」ベスト8に進出しました。「まさかの」と書いたのは、それがいかに奇跡的な事態かということをひしひしと感じたからです。

私は、30年近く前の高校の一時期、ラグビー部に手伝い部員として所属していました。その当時からのラグビーファンです。サッカー日本代表がワールドカップでベスト16に進出できても、ラグビーのワールドカップは、そこからさらに100年かかるのでは？　ベスト8進出が夢物語だと、ファンこそが思っていました。

しかし、蓋を開けてみれば、彼らは本当に強かった。

代表チームの半分は外国人。国籍は南ア、ニュージーランド、オーストラリア、トンガ、サモア……バラエティーに富んでいます。私は、外国人雇用に関する仕事をしてきましたから、外国人との混成チームの強さについて、自分なりに分析してみました。

言語も文化も異なる彼らと日本人選手とが、「ワンチーム」を作り上げるのには、数々の

〝面倒くささ〟があったに違いありません。彼らは「ベスト8入り」という目標をつねに確かめ合ったはずです。**目標を全員が本気で信じ、腹に落とし込まなければ、多彩な背景をもつメンバーの、こころも動きもひとつにはなれません。**

そして、自分たちが「ワンチーム」なのだと、強く認識していたのです。多様性は面倒くささをはらみます。食べものも、練習のしかたも、休みの取り方もなにもかもが違うのですから。でも、**違ってもいい。チームメイトなのだから。違いを受け入れ、尊重したのです。**

こうした前提のうえで、互いが譲れないポイントについて、議論を重ねたはずです。外国人と一緒に目標を成し遂げるには、日本人同士ではありえないほどの回数、話し合わなければなりません。**違和感を主張せずやみくもにがまんすると、いずれチームに亀裂が入ります。**

外国人と私たちが、ともに働くうえでのポイントと、見事に合致していると思いませんか。

外国人を雇入れるなら、日本代表のように目標や理念を掲げ、社員全員で共有してください。日本人も外国人も、ひとつの目標のもとで働く「ワンチーム」になりましょう。

異なる文化をもつものが集まれば、トラブルは起こります。でもあきらめず、雇用し続けましょう。面倒くささを避け、多様性を否定していたら、これからの世界で生き残れません。**失敗してもやり続けた企業は強くなり、5年、10年先に笑顔でいられます。**

外国人雇用へのチャレンジは、日本人の若者を育てるとき、女性や高齢者とともに働くときにも応用できます。外国人雇用は、本物のダイバーシティ企業に変わるチャンスです。

世界で生き残れる企業に成長し、子どもたちのために楽しい未来を作りましょう。

●参考資料

『異文化理解の問題地図』千葉祐大 著　技術評論社 刊
『現場で役立つ！　外国人の雇用に関するトラブル予防Q＆A』板倉由実、弘中章、尾家康介 編著、労働調査会 刊
『これ１冊でまるわかり！　必ず成功する外国人雇用』濱川恭一 著　プチ・レトル 刊
『はじめての外国人雇用』嘉納英樹 編著　福井佑理 著　労務行政 刊
出入国在留管理庁ホームページ　http://www.immi-moj.go.jp/index.html
グローバルパワーユニバーシティ　https://university.globalpower.co.jp/
「外国人の雇用」厚生労働省ホームページ　https://www.mhlw.go.jp/stf/seisakunitsuite/bunya/koyou_roudou/koyou/jigyounushi/page11.html
「外国人雇用関係」東京労働局ホームページ
https://jsite.mhlw.go.jp/tokyo-roudoukyoku/yokuaru_goshitsumon/gaikokujinkoyou.html
「高度外国人材活用のための実践マニュアル～活用・定着で悩んでいる方へ～」厚生労働省
https://www.mhlw.go.jp/content/000541698.pdf
「出入国在留管理庁」法務省ホームページ
http://www.moj.go.jp/nyuukokukanri/kouhou/nyukan_index.html
「『やさしい日本語』について」多言語対応協議会ポータルサイト
https://www.2020games.metro.tokyo.lg.jp/multilingual/references/easyjpn.html

索引

著者

竹内幸一（たけうち・こういち）

株式会社グローバルパワー代表取締役。1974年東京生まれ。群馬県立富岡高校卒業後、アメリカのサクラメント・シティ・カレッジに留学。カリフォルニア州立大学サクラメント校へ編入し、その後中退。大手人材会社フルキャストに就職し、社内ベンチャーとして外国人の留学生採用支援事業部設立に参画。2009年、事業部のMBOを経てグローバルパワー設立に参画。2010年、代表取締役に就任。日本で働きたい外国人のための就職情報サイト「NINJA」を運営。一般社団法人外国人雇用協議会理事も務める。

株式会社グローバルパワー　URL　https://globalpower.co.jp/

NINJA　URL　https://nextinjapan.com/

グローバルパワーユニバーシティ　URL　https://university.globalpower.co.jp/

一般社団法人外国人雇用協議会　URL　https://jaefn.or.jp/

監修協力

長岡由剛（ながおか・よしたけ）

行政書士明るい総合法務事務所代表。特定行政書士。東京入国管理局長届出済申請取次行政書士。2003年早稲田大学卒業。2011年行政書士登録。外国人関連法務を専門とし年間1500件以上の法律相談、手続きに応じる。『行政書士の業務展開』（田村達久・早稲田大学校友会行政書士稲門会編著、成文堂）収録の「入管実務専門行政書士の専門領域と仕事【就労編、身分・地位編】」を執筆。入管手続き、外国人雇用、定住外国人支援に関する研修の講師を多数務める。

行政書士明るい総合法務事務所　URL　http://www.akarui-home.com/

装幀　石川直美（カメガイ デザイン オフィス）
イラスト　いたばしともこ
本文デザイン　バラスタジオ（高橋秀明）
校正　渡邉郁夫
編集協力　浅田牧子、オフィス201（小川ましろ）
編集　鈴木恵美（幻冬舎）

知識ゼロからの外国人雇用

2020年4月10日　第1刷発行

著　者　竹内幸一
発行人　見城 徹
編集人　福島広司
編集者　鈴木恵美

発行所　株式会社 幻冬舎
〒151-0051　東京都渋谷区千駄ヶ谷4-9-7
電話　03-5411-6211（編集）　03-5411-6222（営業）
振替　00120-8-767643
印刷・製本所　近代美術株式会社

検印廃止

ISBN978-4-344-90344-9 C2095
Printed in Japan
幻冬舎ホームページアドレス　https://www.gentosha.co.jp/
この本に関するご意見・ご感想をメールでお寄せいただく場合は、comment@gentosha.co.jp まで。